몸서리치도록
사랑하다
함께 죽어도 좋다

몸서리치도록
사랑하다
함께 죽어도 좋다

전미례 지음

집사재

차례   몸서리치도록 사랑하다 함께 죽어도 좋다

■추천의 글/이병옥·장두이 ◆ 11
■저자서문 ◆ 15

제1장 에필로그 19

오늘도 춤을 위한 하루를 시작하며 ◆ 21
재즈댄스? 에어로빅 아니예요? ◆ 25
우리는 자주 운다, 버린 게 많아서 ◆ 29
재즈댄스는 그럼 무엇인가? ◆ 33
하지만 오늘도 춤추는 이유… ◆ 37

제2장 성장기 41

먼저 간 언니의 뒤를 이어 ◆ 43
제2의 최승희로 키우리 ◆ 46
이매방 선생 뺨을 때린 맹랑한 아이 ◆ 50
혹독한 연습 속에서 ◆ 55
화려했던 여중, 여고 시절 ◆ 58
너무나 재주가 많아서 바쁜 아이 ◆ 63

차례 · 몸서리치도록 사랑하다 함께 죽어도 좋다

제3장 본격적인 무용 수업 69

본격적으로 무용의 길을 들어서다 ◆ 71
아버지의 반대를 무릅쓰고 현대 무용으로 진로를 바꿔 ◆ 74
이것 말고 다른 건 없을까? 갈증의 시간 속에서 ◆ 77

제4장 재즈댄스의 매력에 빠져 세계를 돌며 81

아! 저거다! 대학 졸업 후 UPI통신에서 우연히 만난 재즈댄스 ◆ 83
현대 무용을 뒤로 하고 일본으로 ◆ 87
혹독한 유학 시절 — 미례! 넌 돌아가라! ◆ 90
아버지가 사준 눈물의 초밥 ◆ 95
곰팡이 핀 명란젓을 내색 없이 먹던 이꾸꼬 선생 ◆ 101
재즈댄스의 본고장 미국, 그 자유로움 속에서 ◆ 106
레이디 퍼스트로 입장했던 파리 사우나 ◆ 111
플라멩코를 위해 다시 스페인으로 ◆ 115

― 재즈 댄스의 여왕 전미례, 나의 춤 나의 삶

■ **제5장 한국에 재즈댄스를 심기 위해** 121

스승의 냉대를 받으며 홀로 서다 ◆ 123
시립 가무단 지도위원으로… 내 별명은 '다이아나' ◆ 126
단원 1명으로 시작한 전미례 재즈 무용단 ◆ 129
잊을 수 없는 첫 센터 서초동 시절 ◆ 132
지금도 입에 오르내리고 있는, 선생이 없는 목소리 레슨 ◆ 136
박세리? 여기도 있죠. ◆ 139
아, 눈물도 있군요! ◆ 142
재즈댄스를 통해 만났던 연예인들 ◆ 146

■ **제6장 실의에 빠졌던 나날들** 151

눈물 속에 날아간 센터 ◆ 153
모든 걸 잃고 실의에 빠졌던 나날들 ◆ 157
미례야, 너는 춤을 춰야 해 ◆ 161
다시 일어나 춤추며 플라멩코까지 ◆ 165
수제자의 배신으로 위기에 몰리고 ― 선생님, 우리 선생님 ◆ 170

차 례 몸서리치도록 사랑하다 함께 죽어도 좋다

┃제7장 잊을 수 없는 무대 위의 시간들 177

눈물로 기억하는 창단 공연 ◆ 179
기절하며 일어선 일본 무대 ◆ 186
'뽕라면'의 기억을 아시나요? ◆ 191
조센징이 재즈댄스를? 분노를 삭이며 기립박수를 받다 ◆ 198
밤 새워 합숙하며 준비한 10주년 기념 공연 ◆ 202

┃제8장 내 인생의 세 남자들 207

아버지 아버지 우리 아버지 ◆ 209
샐리가 해리를 만났을 때? ◆ 214
내 모든 걸 앗아간 그 남자, 지울 수 없는 악연으로(Ⅰ)
  ─ 두려움 속에 치뤄진 결혼 ◆ 223
내 모든 걸 앗아간 그 남자, 지울 수 없는 악연으로(Ⅱ)
  ─ 파탄으로 이어진 비극 ◆ 229

— 재즈 댄스의 여왕 전미례, 나의 춤 나의 삶

제9장 한 여자로서의 나의 삶 239

무용수로 살아가야 하는 고단함 ◆ 241
한때 여자이기를 꿈꿨으나 ◆ 246
지금도 모르는 '사랑', 그 알 수 없는 것에 대하여 ◆ 250
나의 분신 같은 두 아이들 ◆ 254

제10장 재즈 무용가 전미례, 나의 길 259

내 인생의 모든 것 JMR 센터 — 신사동 센터와 어넥스 ◆ 261
전국 주부들의 호프가 되어 ◆ 266
선생님 애는 언제 낳을까요? ◆ 270
춤, 몸서리치도록 사랑하다 함께 죽어도 좋다 ◆ 274

■ 서울 전미례 재즈 무용단 공연 연혁 ◆ 281

■ 추천의 글 (Ⅰ)

— 외로운 무용가 전미례

이병옥(용인대 예술대학원장)

재즈는 서양 대중춤의 대명사처럼 우리 귀와 눈에 비춰진 외래 문화이다.

그래서 어딘지 낯설면서도 호기심이 자극되는 춤 중에 하나다. 우리 무용가들은 그 동안 서양 무용이라면 발레와 현대 무용만을 가까이 했으며 스페인 플라멩코 정도나 몇몇 전공자가 있을 정도로 편식된 춤만을 추어왔다. 예술 무용만을 중시하던 시절에는 대중적인 춤은 무시되다시피 하던 때도 있었다. 그러나 시대는 변하기 마련이며 음지는 양지로 뒤바뀌는 것이 세상의 이치다.

요즈음 재즈댄스가 우리 춤 문화 속에 점차 중요한 자리를 차지하기 시작하고 있다. 재즈댄스에 대한 관심이 별로 없던 시절에 어떤 한국 무용 전공자가 과감히 전공을 바꾸어 재즈 댄스 전공자로 변신했을 때 우리는 달갑지 않은 시선으로 보던 때도 있었다. 그러나 그는 이러한 그늘 속에서도 개의치 않고 새로운 춤을 우리 문화 속에 뿌리내리려고 개척자적 자세로 묵묵히 노력해 왔다. 그녀가 바로 전미례이다.

이제 전미례는 분명히 한국 사회에서는 재즈 무용계의 여왕으로 등극하고 있다. 아무도 관심갖지 않았던 불모지의 재즈 무용계를 외롭게 지켜오면서 의지의 무용인으로 이제는 우뚝 서고 있다.

그녀가 지금까지 재즈 무용가로 살아온 내용을 책으로 출판한다고 한다. 전미례의 인간 승리에 찬사를 보내고 싶다. 앞으로 할 일이 더욱 많아졌으니 말이다.

용인 부아산골에서
2000년 1월

■추천의 글 (Ⅱ)

— 재즈 무용에 몸을 던진 여인

장두이(연극인)

　브로드웨이 재즈댄스 센터에서 내가 전미례 씨를 처음 만난 게 15년 전쯤인 80년대다. 한눈에 당찬 여성임을 알았다. 겁없는 눈, 짧은 머리, 웃는 듯 굳게 다문 입, 그리고 친숙한 오누이 같은 몸매……. 그녀는 늘상 새로움에 도전하는 댄서이자 안무가이며 미래를 넘겨보는 탐험가였다.
　우리나라에 재즈라는 말 자체가 대중화되기 이전에 그것도 무용쪽에서 재즈 발레를 하겠다고 다부지게 나선 그녀는 시대 흐름에 앞서 간다는 이유로 많은 어려움을 겪었을 것이다. 그러나 그녀의 피 속에 흐르는 삶과 예술에의 반란은 분명 우리 무용계에 독보적인 위치를 세워 놓았다. 그녀를 만날 때마다 다음은 어떤 무용 세계로 어디까지 가려나 싶어 그녀의 깊은 눈 속을 유영하며 헤아리곤 했다.

고뇌와 슬픔 그리고 기쁨마저 슈즈에 저미어 놓고 오로지 재즈 무용에 몸을 던진 여인. 이제 우리 문화계에 그녀의 삶의 여정과 무용에 대한 체험과 사념을 엮은 소중한 책자를 낸다니 여간 반가운 일이 아닐 수 없다. 몸으로 빚은 그녀의 열정이 책 속에 고스란히 담아져 책이 될 모양이다.

아직도 무용이 대중 속에서 소외된 우리 국내에 그녀의 기대가 큰 보탬이 되었으면 한다. 오늘도 땀냄새 속에 동분서주하는 전미례 씨는 분명 춤의 요정이다.

■ 저자서문

― 춤으로 살아온 내 인생,
　　세상에 풀어내며…

　원고를 마무리짓고 나니 다시 조바심이 난다. 과연 사람들이 나의 인생에 대해 궁금해하긴 할까? 내가 제대로 글을 쓰긴 쓴 걸까? 사람들은 어떤 마음을 갖고 이 책을 읽을까?

　책을 낸다는 건 생각지도 않았던 일이었다. 그러나 주위의 아는 분들은 나의 인생에 대해 소설을 써도 되겠다느니, 영화를 만들어도 되겠다느니 등 많은 이야기를 했지만, 정말 바쁜 나날이었기에 그런 말은 한 귀로 듣고 한 귀로 흘려 버렸다.
　그러던 와중에 방송인 이숙영 씨의 소개로 알게 된 소명이란 후배가 있었다. 우연히 그의 가까운 분이 출판사를 하고 있고 소명의 권유로 그 분을 만나게 되었다. 에세이집을 내 보지 않겠냐는 제안에 6개월 이상을 생각에 생각을 거듭했다.

정말 글이란 전문가가 써야 한다고 몇 번씩 팽개치고 싶었다. 그런데도 이 글을 끝까지 쓴 것은 두서너 가지 이유에서이다. 첫째는 나 자신을 정리하고 싶었다. 여섯 살에 무용을 시작한 이후 30여 년의 세월이 흘렀고 그 시기를 정리할 필요성을 느꼈기 때문이다. 두 번째는 재즈댄스에 대한 일반인의 인식을 한 차원 더 높이고 싶어서였다. 그리고 세 번째는 무용인이 되려는 후배들에게 재즈댄스의 세계를 설명해 주고 재능 있는 신진들이 재즈 무용계에 좀더 많이 들어와 활약을 했으면 해서이다.

지금은 중도에 그만두지 않고 힘든 작업을 마무리지을 수 있어서 좋았다는 생각뿐이다. 군데군데 미진한 곳도 보이고 좀더 손을 보고 싶은 마음이 자꾸만 나를 사로잡는다.

태어나서 지금까지 내가 살아온 모든 나날들. 그것들을 다시 되돌아보는 작업은 결코 쉽지 않았다.

되돌아보면 바로 어제 일 같기에 그렇게 많은 세월이 흘렀다는 생각에 깜짝깜짝 놀라곤 했다. 즐겁고 아련한 추억도 많았지만 잊혀진 상흔을 되살려야 하는 고통도 적지 않았다.

춤꾼으로, 오로지 춤만 생각하면서 살아왔다. 정말 치열한 나날들……. 그러다 보니 정작 내가 누군지, 내가 어디로 가고 있는지 나이마저 잊고 살았다.

아무도 알아주지 않던 재즈댄스를 이 땅에 들여와 씨 뿌려 싹 틔우고 가꾸어 온 지 어느덧 20여 년이 흘렀다. 그게 무슨 춤이냐는 비난의 눈길을 견디며 정성을 다했던 시간들이었다. 그리고 이제는 어느 정도 자리를 잡아가는 재즈댄스의 가지들을 보며 힘들었던 시간들을 떠올려 보는 것, 오랜만에 맛보는 뿌듯한 희열이다.

또 한편으로 주저하며 힘들었던 건, 춤 외에 내가 걸어온 시간들을 펼쳐 보이는 것이었다. 원한 바 없지만 내게 주어졌던 인생의 고비들. 새삼 되새기며 오래오래 눈물을 흘리기도 했다. 하지만, 이제 그것을 끝내고 나니 마치 미루어 둔 과제를 마치고 난 뒤처럼 마음이 편안하다. 또 이런저런 이유로 해서 정확히 밝히지 못했던 '나'라는 사람을 비로소 있는 그대로 솔직하게 드러내게 되어 홀가분하다.

프로스트의 '가지 않은 길'이라는 시가 있다. 인생의 두 갈래 길에서 자신이 가지 않았던 길을 되돌아보는 시였는데, 나는 그렇게 남들이 가지 않은 길을 선택함으로 해서 '꿈'을 이루었다. 도전의 외로움은 있었지만 그만큼 달콤한 열매를 거두는 수확의 길이었다.

춤출 수 있다는 것, 더구나 남들이 하지 않은 분야를 개척했다는 것이 이렇게 큰 기쁨을 주는 것이라는 것, 새삼 고맙고 행복하다. 또 어쩔 때는 그 기쁨을 누릴 수 있도록 여기까지 달려온 내 자신이 기특하기도 하다.

나의 오늘이 있기까지에 고등학교 무용 선생님이셨던 김정하 선생님, 권윤방 교수님, 김옥진 교수님, 김복희 교수님, 조광 선생님, 조승미 교수님, 오율자 교수님, 또 일본의 가네미즈 이꾸꼬 선생님, K-브로드웨이 댄스 컴퍼니의 야마모토 데루에, 후랭크 쿠리다 선생님께 감사드리며 여러 가지로 부족하기만 한 나를 물심양면으로 돌봐주시는 어머니, 아버지께도 감사드린다. 언제나 내 그늘에 가려 따뜻한 사랑을 덜(?) 받고 자라났던 내 동생들, 특히 막내 미선이에게 미안하게 생각한다. 그리고 묵묵히 열심으로 음악의 길을 걷고 있는 나의 두 아이에게도 이 책을 통해 고맙다는 말을 꼭 전하고 싶다.

아울러 부끄럽고 쑥스러운 이 책을 내기까지 용기와 격려를 아끼지 않아준 내 제자들인 서울 전미례 재즈 무용단 단원 일동 그리고 주위에 항상 나를 사랑하며 돌봐주는 여러분들과 스텝들, 또 이 책을 열게 해주신 집사재 사장님께 감사의 말을 전한다.

책을 마치고 나니 새 천년이 시작되고 있었다. 좋은 징조라는 생각을 한다. 나와 나의 춤을 정리하면서 맞게 된 새 천년. 더욱 큰 성장으로 다가올 것 같은 느낌으로 마음이 설렌다. 그만큼 열심히, 몸서리치도록 춤을 사랑하며 앞으로도 열심히 살아갈 것이다. 지켜봐 주길 바란다.

새 천년의 문턱에서
전미례

제1장
에필로그

국립극장 초청 야외공연(1999)

오늘도 춤을 위한 하루를 시작하며

새벽 6시. 어김없이 자명종 소리가 요란하게 울린다. 안무 구상하느라 밤을 새고 겨우 두어 시간 눈을 붙였을 뿐인데……좀처럼 눈이 떠지지 않는다. 젖은 솜처럼 피곤한 몸은 일어나야 한다는 머리 속 지시에도 불구하고 마냥 늘어지기만 한다.

이대로 시간이 멈췄으면……노곤한 몸은 마냥 늘어지기만 하고, 쉴 궁리를 해본다. 하지만 문득 파노라마처럼 펼쳐지는 오늘의 일상. 그만 화드득 잠이 달아나 버린다.

아침부터 해야 할 클래스가 8개, 사이사이 안무 구상도 해야 하고, 공연 준비를 위한 의상 체크, 무대 체크 등으로 오늘 하루 역시 몸이 두 개라도 모자랄 지경이다.

에필로그

일어나야 한다. 일어나자……정말 일어나고 싶지 않은 몸에게 주문을 걸어 본다. 하루 중 가장 힘들고, 춤꾼이 된 것을 후회하는 때는 바로 이 때다. 진심으로 도망가고 싶어지는 때도…….

'숙명'이란 단어를 몸서리치게 떠올리며 그야말로 '끄응' 하며 일으킨 몸. 정신을 차리기 위해, 또 오늘 내게 주어진 일들을 무사히 마치기 위한 힘을 얻기 위해 무언가 해야 한다.

이럴 땐 배꼽에 있는 대로 힘을 주고 단전호흡을 한다. 자리에서 일어나 다리를 위아래로 스트레치하며 동터 오른 창밖을 향해 크게 기지개를 펴고 심호흡을 한 뒤 잠시나마 갖는 명상의 시간. 감은 눈 위로 그간 살아온 시간들이 파도처럼 밀려왔다 스러진다.

춤으로 시작해 오직 춤만 생각하며 지나간 시간들……그 춤을 위해 이국 땅을 헤매고 다니던 스산한 날들……이른 새벽 낯선 이국의 숙소에서 홀로 깨어 일어나 내가 무엇 때문에 여기 이러고 있나 너무도 심란스러웠던 순간순간들……징그럽기도 하지만 그래도 그 안에서 내가 존재하는 이유를 찾아왔고 지금 이 순간 힘들고 고단하지만 그런 이유로 해서 춤을 그만두게 된다면 아마 견딜 수 없으리란 생각.

결론은 항상 같다. 그럼에도 그 결론을 다시 유추해 내기 위한 준비 작업이 필요한 것이다. 그도저도 안 되면 새벽부터 사우나로 달려가 땀을 뻘뻘 흘린다든지, 신나게 치고 부수는 비디오를 보면서 활기를 얻는다.
　이제 내게는 일상화된 힘나는 방법들인데, 특히 영화의 경우가 그렇다. 물론 시간이 없어 영화관에는 자주 못 가고 비디오를 많이 빌려 보는 쪽이다. 마치 내가 주인공인 것처럼 부딪치는 모든 장애물을 과감히 때려부수며 속이 후련해지는 쾌감을 얻게 된다. 또 영화 속 상황들을 나의 어려움에 대비시켜 마음 속의 용기를 부채질한다. 그래서 나는 늘 해피엔딩을 좋아한다. 그렇게 흥분하고 신나하며 영화에 몰입하다 보면 일체의 잡념이 싹 사라지고 마치 전장에 나가는 전사처럼 숨을 고르고 마음을 가다듬을 수 있다. 그리고 집을 나와 분주한 나의 하루를 시작하게 된다. 그렇게 시작된 하루를 정신없이 보내다 보면 어느새 어둠이 내리고 밤 열시가 넘어선다. '휴' 하고 절로 안도의 숨이 나온다. 이제 다했구나, 무사히 하루를 마쳤구나 하는 마음과 그래도 하니까 되는구나 하는 새삼스러움 때문이다.
　그런 후 곧 밀려드는 공허함. 그때마다 난 엄마에게 전화를 한다.
　"응, 엄마 이제 끝났어. 힘드냐구? 그렇지 뭐……."
　엄마가 무슨 대답을 하든 중요하지 않다. 다만 내 얘기를, 하루를 무사히 끝낸 일정을 전화 속 엄마가 듣든 말든 주어 섬기는 것, 그렇게라도 해서 고단했던 내 안간힘, 내 고독을 위로받고 싶은 것이다.
　그리고 주어진 휴식. 곤한 몸을 비로소 뉘이며 잠을 청한다. 물론 잠자리가 오늘도 편하리라는 법은 없다. 꿈 속에서도 나는 또 춤을 추고 있을 테니까.

재즈댄스? 에어로빅 아니예요?

오늘도 센터에 많은 전화가 왔다. 단원을 모집하는 공고를 냈더니 사람들이 문의 전화를 걸어온 것이다. 심지어는 센터의 직원들이 모두 퇴근한 후에도 전화가 이어져 남아 있던 내가 받기도 하는데, 그런 전화를 받을 때마다 감회가 새로워진다.

처음 재즈댄스를 갖고 이 땅에 내렸을 때가 떠오른다. '재즈(JAZZ)'라는 단어조차 특별한 마니아 아니면 모르던 시절이었다. 당시 우리나라 분위기에서 '재즈댄스'라는 장르는 더 생경스러운 것이었다. 스승들조차도 나의 춤은 '예술'이나 '정통' 같은 것과는 별개의 것으로 대했고, 무용계 전체가 같은 이유로 홀대했을 정도이니 일반인들에게는 어땠을 것인지 상상이 갈 것이다.

그때가 1983년이었다. 지금의 무용단을 창단하기 세 해 전이었는데 4년 동안의 일본 유학을 끝내고 귀국, 재즈댄스라는 것을 보여주자 무용계의 반응은 한결 같은 냉소였다. 그 중 초창기에 가장 많이 들었던 말이 에어로빅이나 다이어트 체조냐는 것이었다. 물론 재즈댄스 자체가 워낙 격렬하고 큰 동작 위주로 진행되는 춤이라서 당연히 살이 붙어 있을 틈이 없긴 하다. 그렇다고 해서 단순히 살을 빼기 위한 또 하나의 운동 정도로 인식하는 데는 답답할 노릇이었다.

하긴 그런 정도의 이해는 그나마 다행한 것이었다. 심한 경우는 밤 무대용 춤이라거나 백댄서 춤이라는 곱지 않은 눈길도 적지 않았다. '저게 무슨 무용이야, 밤 무대 업소에서나 하는 것 아냐'는 등 마치 재주부리는 곡마단의 '원숭이' 취급을 받기도 했다.

실제로 유학에서 돌아와 두 달인가, 헬스클럽 같은 곳에서 강의를 하기도 했다. 그렇게 헬스클럽 강사로 있던 두 달 동안 나는 주부들 앞에서 재롱부리는 원숭이가 돼야 했다. 빙 둘러앉아 내가 춤추는 것을 마냥 구경만 하겠다는 주부들……두 달 이상은 견뎌낼 재간이 없어 그만두어 버렸다.

그 시절 참 막막했던 기억들을 지금도 갖고 있다. 어렵게 배운 재즈댄스가 사람들의 몰이해로 사장(死藏)되는 게 아닐까 하는 두려움, 결국 내가 너무 앞서 갔던 것일까 하는 자조

감 때문이었는데, 마치 이단으로 배척받은 순교자 같은 기분이 그러할까. 그야말로 차갑다 못해 혹독하기까지 했던 당시의 냉대들.

그래서 다시 떠났다. 이번에는 일본이 아닌 재즈댄스의 본고장 미국이었다. 브로드웨이 재즈댄스 스쿨에 다니면서 뉴욕 42번가의 작은 골목을 헤매고 다녔다.

막막했던 당시의 그 시간들. 그것을 이겨낼 수 있었던 것은 10년 앞을 생각했던 마음가짐 덕이었다. 길게 봐서 10년이면 이 땅에 재즈댄스의 붐이 일 거라는 생각, 그 자신감 하나로 얼토당토않게 에어로빅 강의까지 해야 했던 시기를 버텨 낼 수 있었던 것이다.

물론 지금은 아무도 재즈댄스가 에어로빅이니, 백댄스니 하지는 않는다. 본부격인 신사동 JMR 브로드웨이 재즈댄스 센터를 비롯해서 전국 각지의 문화센터에서 재즈댄스 강의가 이루어지고 있고, 각 대학에도 속속 재즈과가 생기면서 재즈댄스 강의가 자리잡고 있기 때문이다.

결국 오래 참고 기다린 보람 덕이라는 것을 그러한 현재의 상황들이 증명해 주고 있는 셈이고, 그렇기 때문에 더 할 수 없는 보람을 느끼는 것이다. 이런 점을 생각할 때만큼은 재즈댄스를 위해 그간 내가 쏟아부었던 모든 피와 땀들, 또 기꺼이 희생했던 내 자신의 삶들이 조금도 아깝지 않다. 외로움이라든지, 고독함 같은 것조차 무관하게 느껴지는 순간이기도 하다. 하긴 그래서 나는 춤을 추는 모양이고, 춤을 출

때 행복해지는 것이리라.

우리는 자주 운다, 버린 게 많아서

　　　　　　　　재즈 무용수들이 가장 잘 하는 게 있다면 무엇일까? 물론 무용수들이니 춤을 잘 추는 건 당연한 일일 것이고, 그 다음엔?
　공연을 끝내고 나면 우리 단원들은 반드시 한 자리에 모여 그간의 회포(?)를 푼다. 20, 30명의 무용수들이 함께 하는 자리인 만큼 시끌벅적하고 갖가지 해프닝이 일어나기도 하지만, 툭하면 벌어지곤 하는 것이 울음바다가 되는 것이다.
　이런 경우는 물론 어느 정도 무르익은 분위기가 되었을 때 일어나긴 하지만, 체질적으로 변화무쌍한(?) 신경줄을 가진 무용수들이라는 점 때문에, 그야말로 시한폭탄 같은 위험을 갖고 있는 것이 바로 우리들이다.

그렇기 때문에 언제나 예기치 않은 일들을 예상해야 하는데, 만일 2차로 나이트라도 가는 날이면 그날 나이트는 문을 닫아야 한다. 춤이라면 둘째가라고 하면 서러워할 젊은 열기들이 모였으니 어떻게 되겠는가? 더구나 가장 현대적인 재즈 댄서들이니 말이다. 당연히 플로어는 우리들의 차지가 되고, 이내 소규모 공연의 차원으로까지 올라가기 때문이다.

결국 웬만한 강심장을 갖지 않고서는 감히 도전장을 내밀기 어려워지는 상태가 되는 것인데, 그러니 어떤 손님들이 그러한 경우를 가만히 보고만 있겠는가? 나이트의 주인으로선 대단히 반갑지 않은 손님들이 바로 우리들 같은 경우일 것이다. 왜? 모든 손님들이 우리들의 위세에 눌려 자리를 뜨니까.

그렇게 정열(?)의 시간을 보내다 보면 반드시 한쪽에서 벌어지는 돌발 사태……누군가 울기 시작한다. 물론 흥분한 탓이기도 하겠지만, 이유도 없이 훌쩍훌쩍, 보기에도 서럽게 울고 있는 단원의 울음이 하나둘씩 번져 나가고, 나 또한 그 모습을 보다가 그만 가슴이 북받치고 만다.

그런 우리들의 모습을 사실 옆에서 보면 참 가관일 것이다. 내가 먼저 울고 있는 단원들 곁에 가서 묻는다. 한없이 처연한 톤으로 "너희들 왜 우니?" 그러면 훌쩍거리며 단원들이 대답한다. "그냐앙……슬퍼서요……. 근데 단장님은 왜 우는데요?" 나 역시 이미 그때는 울면서 대답한다. "몰라……너희들이 우니까……." 마치 선문답(禪問答) 같은 대화가 이렇게 오고 가면 곧장 우리는 누구라 할 것 없이 부둥켜안고 대성통곡의 수준으로 넘어가고……이쯤 되면 그날 우리를 손님으로 받은 나이트 클럽이나 노래방은 문 닫아야 한다.

그렇다면 왜 우리가 잘 우는가? 물론 딱 꼬집어 대답할 수 있는 말은 많지 않다. 다만 굳이 이유를 붙이라면, 홀대받는 예술을 선택한 죄라설까? 한국 땅에서 개척한다는 신념만으로 함께 했던 우리들. 정식 예술이 아니라는 색안경 때문에 걸어온 길도 험난했을 뿐더러 그렇기 때문에 많은 것을 버려야 했던 우리들이었다. 개중에는 어릴 때부터 배워 오던 정통 춤들을 버리고 뛰어든 경우도 있고, 오직 재즈댄스의 매력 때문에 직장을 그만둔다든지, 멀쩡히 잘 다니던 학교를 그만두고 덤벼든 경우도 있다. 또 평범한 여성으로 아이까지 낳고 기르다가 우연히 재즈댄스의 멋을 알게 돼 주부의 길을 반려하고 동반의 길을 걷게 된 경우, 그 외에도 춤 때문에 결혼을 미룬다든지, 사랑하는 이와 결별을 고하는 아픔도 불사해야 했던 일 등, 참 여러 가지 형태의 삶을 버린 이들이 바로 우리다. 어찌 설움이 없겠고, 회한이 없겠는가.
  게다가 춤이 격렬하고 동작이 큰 만큼 감정의 기복 또한 격렬하고 다양할 수밖에 없는 춤꾼들이고 보면……왜 그리 잘들 우는가에 대한 대답은 충분하지 않을까?
  누가 그랬던가? 무용수의 하루는 보통 사람들의 일년과 같다고. 그만큼 변화무쌍하고 다양한 기복의 시간을 보낸다는 뜻일 게다.
 그래서 오늘도 우리는 운다. 이제는 웃을 때도 됐으련만.
 더 크게 웃을 그날을 기다리며 오늘만 울자.

재즈댄스는 그럼 무엇인가?

　　　　　　　　재즈댄스는 이제 우리나라에서 한창 붐을 이루는 장르가 됐다. 그러나 아직도 이 장르에 대해 정확한 지식을 갖고 있는 경우는 그리 많지 않다. 그냥 신나고 즐겁고 격렬한 춤이라는 인식 정도일까? 때문에 재즈댄스에 대한 정보를 전달하는 일 또한 나의 중요한 과제 중 하나이다.

　　재즈라는 음악은 오늘날 음악에서 뿐 아니라 문학과 연극, 영화 등 모든 분야에서 그 실체를 다 설명할 수 없을 정도로 현대 문화의 중요한 현상으로 자리잡았다. 재즈에 그 뿌리를 둔 '재즈댄스'를 흔히 화려한 스테이지에서 펼쳐지는 무용수들의 현란한 몸놀림이나 영화 〈플래시 댄스〉, 〈웨스트사이드 스토리〉의 인상적인 춤들을 연상하곤 한다.

하지만 이것이 재즈댄스의 모든 것은 결코 아니다. 또 재즈댄스라고 해서 음악적으로 재즈만을 고집하는 것도 아니다. 먼저 재즈댄스의 기원은 아프리카 흑인들의 종교 의식에서 자연스럽게 발전돼 온 춤과 음악에 있다는 설이 일반적이다. 흑인 특유의 격렬한 리듬과 드럼 소리에 맞춘 몸 동작들에 그 근본을 두고 있다는 얘긴데, 그러나 이런 원시적인 춤에도 나름대로 규칙은 존재했다.

약 3백년 간 이어진 노예 무역으로 흑인들은 미국을 중심으로 세계 각지로 퍼졌고, 새로운 땅에서의 암울한 생활을 견뎌내며 그들만의 음악과 춤을 발전시켜 나간 것이 재즈 음악이란 장르가 됐다는 것, 아마 모르는 이는 없을 것이다. 그러던 중 '재즈'라는 용어가 본격적으로 쓰이기 시작한 것은 1900년대 이후인데, 재즈댄스 역시 1920년대 재즈의 발상지인 미국 뉴올리언스에서 태동했다.

당시 뉴올리언스 뒷골목의 유흥가에는 클럽에서 재즈 음악에 맞춰 쇼걸들이 추는 싸구려 춤이 있었는데, 이를 재즈댄스의 시초라고 보는 시각들이 보통이다. 그러나 빈곤한 흑인들의 고뇌를 달래주던 재즈가 오늘날 고급 문화의 한 부분으로 자리잡았듯이 재즈댄스 또한 이러한 태동기를 거쳐 지금은 현대 무용의 한 장르를 차지한다.

물론 처음엔 재즈 음악에 맞춰 추는 춤의 형태를 띠었지만,

브로드웨이 뮤지컬, 고전 발레와의 접목을 거쳐 현대 무용의 새로운 장르로 자리를 잡은 것이다. 그렇지만 앞서 말했듯이 재즈댄스가 재즈 음악만을 기초로 한 것은 아니다.

이것은 재즈가 모든 음악과 잘 섞이는 것처럼 재즈댄스 역시 어떤 음악과도 친화력이 있어 사물놀이나 요즘 유행하는 '꿍따리 샤바라' 같은 댄스 음악과도 잘 어울린다는 것을 말하는 것인데, 특히 우리나라의 경우 최근 몇 년 사이 대형 브로드웨이 뮤지컬의 국내 공연이 잦아지면서 재즈댄스 중에서도 뮤지컬 재즈댄스의 대중화 붐이 일기 시작했다. 외국 무용수들의 격정적이면서도 힘있는 재즈댄스의 진수를 보면서 재즈댄스의 매력에 눈뜨게 된 것이라 할 수 있는데, 이처럼 재즈댄스는 리듬&블루스(R&B)나 힙합 음악처럼 비트가 강한 음악을 들으며 순간순간 느낌을 창조하는 춤이다.

여기에다 현대의 재즈댄스로 넘어오면서 다양한 춤의 요소가 가미되었다. 전통적인 발레의 기법을 기초로 한 재즈댄스와 그 밖에 전통재즈댄스, 모던재즈댄스, 뮤지컬재즈댄스 등의 시대적 분류의 댄스, 탭, 펑키, 힙합, 브레이크, 하우스, 스윙, 비밥 등의 요소를 지닌 복합적인 형태가 된 것인데, 이렇게 다양한 스텝의 변화를 보여온 재즈댄스의 가장 큰 특징은 역시 '자유로움'이라고 얘기할 수 있다.

그래서 음악을 들으면 자연스럽게 나오는 움직임과 감정에 따라 표현되는 몸놀림을 재즈댄스라고 한다. 물론 이러한 자유로움에도 불구하고 기본 스텝은 엄연히 존재하는데, 재즈댄스가 다양한 춤을 포괄하는 만큼 각종 춤의 기본 테크닉은 물론, 발레의 기초가 필수적이라는 점, 그 점이 재즈댄스를 여타의 대중 무용과 차별화시키는 포인트다.

다시 말해 에어로빅과 재즈댄스가 다른 것을 바로 이런 점에서 볼 수 있는데, 에어로빅처럼 단순히 스포츠 개념으로 몸을 흔드는 것이 아니라는 뜻이다. 기본기와 테크닉이 있는 만큼 이에 충실해야 하고, 더불어 개인의 느낌과 개성을 예술성과 함께 마음껏 추구할 수 있다는 사실, 이것이 바로 재즈댄스이다.

하지만 오늘도 춤추는 이유…

춤을 추지 않았으면 무엇을 했을 거냐는 질문을 종종 받는다. 물론 여러 가지 아기자기한 손재주가 많았고, 다른 분야에도 눈을 돌린 기억이 없는 건 아니어서 이것저것 다양한 꿈을 꾸어 보기도 했지만, 오히려 나이가 들면서 내게 춤이 없었더라면 어떻게 살아냈을까 싶어진다. 이제 춤이 내 인생의 '숙명'이라는 깨달음을 얻고 있는 것이다.

물론 이러한 생각을 여유있게 하기까지엔, 너무나 어려움이 많았던 시간들이 내 곁을 흘러 지나갔다. 또 그 안에서 내가 안고 다스려야 했던 외로움과 고독들……어찌 다 말로 설명할 수 있을까? 때문에 그런 순간순간에는 정말 힘겨워 던

에필로그

져 버리고 싶은 업이기도 했다. 더구나 이 땅의 한 여자로서 온전히 한 춤꾼으로 살아내기란, 그건 어찌 보면 형극의 세월이었다고 얘기해도 과언이 아니다.

　요즘도 난 일년 중의 반은 외국에서 살다시피 한다. 춤의 테크닉은 시시각각으로 발전해 나가는데 자칫 게으르다간 뒤쳐지기 때문이다. 특히 외국에서 공연이나 레슨을 하다 보면, 아직도 우리의 자세가 부족하다는 것을 뼈저리게 실감할 때가 많다.
　그래서 에너지가 고갈됐다 싶을 때 난 떠난다. 고추장과 김, 인스턴트 라면만 사서 트렁크에 넣고 아무에게도 알리지 않고 훌쩍 떠나는 길. 대개는 미국이나 불란서(파리), 스페인인 경우가 많은데 그렇게 해서 떠난 길은 보통 한 달 정도로 이어지고, 당연히 외롭지만 그 시간을 통해 나는 재충전을 해 돌아온다.
　물론 그런 여행, 이제는 너무나 싫다. 혼자서 가는 비행기 여행, 그것이 얼마나 쓸쓸한 것인가를 아마 경험해 본 이들은 잘 알 것이다. 책도 눈에 안 들어오고, 잠도 안 오는 긴 여정, 수첩을 정리한답시고 펼쳐만 들고 시간을 죽일 뿐. 그래서 이번엔 돌아가면 다시는 비행기를 혼자 안 타리라 다짐하지만, 충전된 시간이 끝나면 어느 새 그 맹세를 깨고 비행기에 오르고 있는 자신을 발견한다. 그런 내 자신이 불쌍해서 씁쓸히 웃는다. 결국 어쩔 수 없는 모양이다. 춤에 관한 내 열정은. 누구도 못 말린다고나 할까?

얼마 전 서점에서 '맨 땅에 헤딩하기'라는 제목의 책을 본 적이 있는데, 하도 내 가슴에 쏙 와닿는 제목이라 한참 동안 들여다보았던 기억이 난다.

그렇다. 나 역시 그 '맨 땅에 헤딩하기'를 하느라 그야말로 죽을 힘을 다했다. '현대 무용이라고 부를 수도 없는 희한한 춤'이라는 비웃음을 받으며 스승에게도 내쳐졌던 시절들…… 그리고 그 후 이국 땅을 돌며 홀로 재즈댄스의 모든 것을 찾아다녔던 고독의 시간들……오로지 춤추는 게 좋아서, 그리고 그 좋은 춤을 다른 이에게도 보여주고 싶다는 생각이 아니었다면 이겨내기 어려운 시간들이었다.

더구나 한국 무용이나 발레, 현대 무용 등 다른 분야는 이 땅에서도 어느 정도 자리가 잡혀 춤만 열심히 추면 되는 경우지만, 내 경우는 안무, 연출에 직접 출연까지 해도 모자랐고, 거기에 재정난까지 모든 게 힘겨운 일 투성이었다.

그러다 보면 심혈을 기울여 키워 낸 제자들도 견디지 못하고 떠나가는 경우도 허다했다. 미래가 없다며 우왕좌왕하는 그들을 보며 함께 혼란에 빠져들 때도 적지 않았다.

게다가 그런 상황에서 안무 구상도 제대로 되지 않을 때면 정말 진퇴양난에 빠지는 기분이었다. 안무 구상을 해내야 되는데 구상이 되지 않을 때처럼 난감할 때가 있을까? 영화를 보기도 하고, 서점을 둘러보기도 하고, 다른 이들의 공연장엘 가 보기도 하고, 그도저도 안 되면 비디오를 보는 일도 있다.

그러다 보니 내 또래 사람들에 비해서 요즘 비디오를 많이 본 셈인데, 그래서 주위 사람들은 내 행동에 상상하지 못할 구석이 많다고 놀리기도 한다. 잘 웃고 잘 울고 감동 잘 하고, 흥분 잘 하고, 또 주변 시선 가리지 않고 오버를 잘 하는 내 태도 때문일 것이다. 외모상으론 새침하고 차가워 보여서 까다로울 줄 알았는데, 의외로 애 같은 구석이 많다고 얘기 하는 사람들이 많은 걸 보니 그런 모양이다.

 그런가? 어쨌든 이 모든 것은 아이디어 고갈을 채우기 위한 내 안간힘이다. 어떤 때는 커피를 몇 잔이고 마시기도 하고, 술을 먹고 취해 보기도 한다. 이 때만큼은 아무도 나를 건드리지 않는다. 워낙 신경줄이 예민해 있기 때문에 자칫 잘못 건드렸다가 무슨 봉변(?)을 당할지 몰라 가급적 피하는 게 상책이라는 생각을 하기 때문인 듯하다.

 특히 기껏 키워 뒷바라지해 온 제자가 떠나갈 때면 그처럼 안타까울 때가 없다.

 물론 믿었던 제자가 배반을 하는 일도 적지 않다. 어떤 때는 공연을 앞두고 꿈을 꿨는데, 공연 시간이 임박했는데 단원들이 아무도 없어 넋을 놓고 있는 황당한 꿈에 소스라쳐 일어나기도 한다.

 그럴 때마다 나는 스스로에게 다짐을 하곤 한다. 난 오늘 센터가 공중 분해된다고 해도 다시 일어나 춤을 출 것이라고. 그러한 다짐이 나로 하여금 또다시 의기 충천하게 만든다. 그래서 나는 오늘도 춤을 춘다.

제2장
성장기

아버지(전황) 무용 발표회 때(명동시공간-지금의 국립극장)
왼쪽 뒤줄부터 시계 방향으로 아버지, 고모(전옥), 엄마, 삼촌,
남동생과 함께

먼저 간 언니의 뒤를 이어

　　　　　　　　　　내 부모님은 결혼 후 한동안 아이가 생기지 않아 애를 태우셨다고 한다. 특히 금실 좋은 부부로 정평이 나 있던 내 부모님은 결혼 후 한동안 아이가 없자, 주위로부터 '부부가 너무 금실이 좋으면 아이가 늦다'라는 농담 아닌 농담을 위로 삼아 들으며 아이가 생기기를 학수 고대했다고 한다. 그러던 중 드디어 첫 임신이 되었으니 아버지와 어머니의 기쁨이 어떠했을까.

　그때가 결혼한 지 몇 해 만의 일이었는데, 당시 아기를 너무나 기다렸던 내 아버지는 첫 아기가 들어섰다는 소식에 주위 친구들에게 당신은 술을 드시지도 못하면서 막걸리를 거하게 사며 기뻐하셨단다. 그렇게 학수고대 끝에 태어난 아기는 예쁜 딸이었다.

'첫딸은 살림 밑천'이라는 주위의 축하와 덕담 속에서 너무도 기뻤던 아버지는 그 아기의 이름을 '아름다움으로 예를 갖춘 딸'이라는 뜻에서 미례(美禮)라고 짓고 그 탄생을 축하했다. 또 너무나 오랫동안 기다렸던 아기이며 첫딸인 만큼 자신의 뒤를 이어 한국 최고의 무용가를 만들 거라는 기대에 부풀며 두 부부는 애지중지 키웠다.

그런데 호사다마라고 했던가? 누구보다 많은 주위 사람들의 사랑과 격려를 한몸에 받고 태어난 아기는 그로 인해 신의 질투를 받은 모양이었다. 안타깝게도 몸이 약했던 그 아기는 엄마 젖을 미처 떼기도 전인 1년 만에 세상을 떠나고 말았다.

그때 내 부모의 상심이 얼마나 컸을 것인가는 상상이 갈 것이다. 어렵게, 또 귀하게 얻은 아기가 채 부모 이름을 부르기도 전에 하늘로 돌려보내야 했던 두 분의 심정을……

한동안 어머니는 혼절하다시피 하며 자리 보전에서 헤어나오지 못했고, 아버지 또한 딸을 잃고 너무나 큰 실의에 빠져 지내셨다. 그때 같아선 정말 춤이고 뭐고 다 귀찮더라는 아버지의 회고를 들은 적이 있다.

금이야 옥이야 싶던 큰 딸을 여의고 실의에 젖어 있던 부모님에게 다시 반가운 소식이 날아든 건 5년 후였다. 어쩌면 다시 자식이 안 생길지도 모른다는 불안과, 자신들의 운세에 자식이 없는 모양이라며 자식에 대한 꿈을 대강 접으려 하던 무렵, 찾아온 어머니의 임신 소식!

어둠 속에서 희망을 잡은 듯한 기쁨에 부부가 온밤 내 눈물을 흘리며 태어날 아이가 이번만은 무사히 건강하게 자랄 수 있도록 기원하고 또 기원했다고 한다. 혹 태어날 아이에게 액이 끼칠까봐 임신 사실조차 쉬쉬하며 조심에 조심을 거듭하며 낳은 아기……그 아기가 바로 나였다.

눈물로 범벅이 되어 태어난 아기를 받아든 내 아버지와 어머니는 절대로 이 아기만은 다시 놓치지 않겠다고 다짐했다고 한다. 또 분명 애통함 속에 먼저 간 첫 아기의 넋이 깃든 아이가 분명하다며 이름도 첫 아기와 같은 이름, '미례'라고 지었다.

나는 그래서 먼저 간 언니의 혼을 이어받은, 또 먼저 간 언니가 못다 한 효도까지도 맡아야 할 존재, '새로운 미례'로 태어났던 것이다.

제2의 최승희로 키우리

　　　　　　1955년 4월 25일 부산 동래구 온천장. 내가 태어난 해와 날, 그리고 땅이다. 첫 아기를 어이없게 보낸 후 어렵게 다시 얻은 딸이라 내 아버지는 나를 어릴 때부터 유난히 예뻐하셨다. 또 내 이후엔 동생들도 잘 생겨서 두 아들과 딸 하나를 더 얻었으니 부모님 입장에선 내가 효녀일 수밖에 없었던 모양이다.

　특히 자식들 중의 하나를 당신의 뒤를 이어 무용가로 키우고 싶어했던 아버지는 어린 내 모습이 당신의 스승인 무용가 최승희를 닮았다며 아예 '어린 최승희'로 부르며 내게 많은 걸 기대하셨다. 물론 그런 내 아버지의 모습이 다른 사람들에겐 우습게 보였을지도 모른다. 또 감히 내가 어디 최승희를 닮았으며 그만한 천부적인 재능을 타고났겠는가?

그러나 고슴도치도 자기 자식만은 귀엽다고 아버지 역시 내가 세상에서 제일 예쁜 딸이라고 여겼고, 덕분에 어릴 때부터 난 내 부모님으로부터 '이렇게 예쁜 딸이 어떻게 우리에게 주어졌겠냐?' 하는 소리를 당연한 것으로 여길 만큼 귀에 못이 박히도록 들었다.

하긴 그래서 철들기 전까지 난 내가 세상에서 제일 예쁜 줄 알고 자랐다. 워낙 내 자랑에 여념이 없는 부모님 때문이었는데, 그래서 지금도 내겐 사실 '공주병' 기질이 좀 있다. 어찌 보면 그런 공주병 기질이 있었기에 지금의 내가 존재할 수 있는 힘이 됐는지도 모르지만······.

남들이야 내가 최승희를 닮았다고 생각하건 아니건, 내 아버지는 정말로 나를 최승희에 버금가는 무용가로 만들겠다는 꿈을 실천하기 시작했다. 덕분에 겨우 엄마 젖을 떼고 걸음마를 시작하기가 무섭게 나는 아버지 손에 이끌려 춤을 배워야 했다.

그것은 대단한 집념이었다. 아버지가 이후 내게 보인 정성과 노력······그것은 바로 아버지가 못다 한 꿈의 실현이었는지도 모른다. 물론 지금도 아버지는 한국 무용계의 중심 역할을 하고 있지만, 그것만으로는 만족할 수 없는 아버지의 포부가 있었던 것이다. 그걸 딸인 나를 통해 풀기 위해 아버지는 내가 '최승희'로 보이는 환각을 일으킨 것인지도 모른다.

무용가의 딸이니 만큼 당연히 재능이 있으리라는 믿음이 있기도 했지만, 미루어 짐작하건데 내 아버지는 아마 내가 춤꾼으로서의 싹수가 보이지 않더라도 춤꾼으로 만들어 내지 않았을까? 가끔 그런 생각을 해보기도 한다.

그런 상황에서 걸음마를 시작하기도 전에 아버지로부터 춤 동작을 배우기 시작한 나는 네 살이 되면서 본격적인 춤 수업에 들어갔다. 물론 이때까지는 모두 아버지의 개인 지도(?)로 이루어졌고, 여섯 살이 되자 당시 아버지가 광화문에서 운영하던 신흥무용학원에서 춤 지도를 받기 시작했다.

아마 나는 그때까지 아버지가 학원에서 가르쳐 온 제자 중에서 가장 어린 나이에 입문한 제자일 것이다. 그런 탓에 초등학교 저학년이 가장 어린 축에 속하는 원생들 속에서 여섯 살의 어린 내가 춤을 따라하기란 결코 쉬운 것이 아니었지만, 아버지는 모른 척하셨다. 심지어는 언니들의 기세에 눌려 내가 울고 불고 해도 그때만큼은 눈 하나 까딱 안 하셨다.

평소 같으면 내 발자국 소리만 들려도 '미례구나!' 하며 표정부터 풀리시는 아버지가 어찌된 것인지 춤만 가르치면 안면을 바꾸어 버리시니 당혹스러울 때도 많았다. 그런 아버지가 낯설고 서운해서 춤 안 춘다고 울기도 많이 울었고, 생떼도 많이 썼다.

그러나 역시 아버지는 제대로 본 것일까? 나는 이내 아버지의 지도에 익숙해졌고, 나보다 나이 많은 애들보다 잘 한다는 소리를 듣는 게 즐거워 열심히 파고들었다. 아마 다른 걸 하라면 그러지 못했을 텐데, 이상하게도 춤만은 잠시 잠깐 끼가 날 때를 제외하고는 재미있었다. 그렇게 보면 결국 춤이란 내 인생의 숙명일 수밖에 없었고 그런 의미에서 아버지와 나는 정말 제대로 만난 부녀이자 동반자였던 셈이다.

이매방 선생 뺨을 때린 맹랑한 아이

　　　　　　　　아버지가 운영하던 광화문의 신흥무용 학원에서 춤 지도를 받던 나는 일곱 살이 되던 해 아버지의 손에 이끌려 이매방 선생에게 갔다. 내가 이제 어느 정도 한국 춤의 기초를 닦았다고 생각한 아버지가 이매방 선생으로부터 승무를 배우게 하기 위해서였는데, 당시 이매방 선생은 서대문에서 자신의 무용학원을 운영하고 계셨다.

　아버지의 절친한 친구이며 한국 무용계의 대가이기도 한 이매방 선생은 아버지 손에 이끌려 온 나를 보자 껄껄 웃기부터 하셨다. 이제 코흘리개를 겨우 면한 여섯 살짜리 계집아이가 머리를 허리까지 길게 늘어뜨리고 까만 눈을 반짝거리며 아버지 손에 매달려 있는 것이 재미있었고, 또 그 딸에게 모든 걸 걸고 있는 듯한 아버지의 간절한(?) 표정이 새삼스럽기도 해서였다고 후에 선생은 그때를 회고하곤 하셨다. 선생은 내 아버지가 그 어떤 제자를 두고도 그렇게 강한 열정을 보이는 걸 일찍이 본 적이 없었다는 얘기도 종종 하셨다.

하지만 이매방 선생과의 만남은 일단은 내게는 경계의 시간이었다. 그도 그럴 것이 춤을 배우기 시작하면서 아버지의 손에서만 길러진 내게 다른 이의 등장이 쉽게 받아들여지겠는가? 물론 그렇다고 낯을 가리거나 겁을 먹었던 건 아니다. 타고난 내 성격이 무서운 게 없고, 그러다 보니 한편 당돌한 면까지 있던 나인지라 새로 나를 가르쳐 줄 선생이 어렵거나 존경스럽기보다는 과연 얼마나 되나 보자 하는 생각을 했던 것 같다.

누가 스승이고 누가 제자인지 상황 판단을 잘 못한 셈이라 하겠다. 춤에 관해서는 내 아버지에 대한 자부심이 대단했고, 또 실제로 어릴 때부터 그렇게만 보아왔던 탓에 아버지 위에 다른 존재가 있다는 걸 한번도 생각해 본 적이 없었기 때문이다.

더구나 어릴 때부터 가장 익숙하게 보아온 것이 한국 무용계의 사람들이고, 이매방 선생 역시 우리 집을 드나들며 나를 귀여워 해주시던 분이었다. 내가 '큰아버지'라고 부르며 따르던 이였으니 도무지 어렵다는 생각을 할 수가 없었다.

물론 이매방 선생의 경우는 절친한 동료의 딸이고, 게다가 무용계 '2세'라는 점에서 어쩌면 특별한 시혜(?)를 베풀어 나를 기꺼이 제자로 맞아들이셨을 것이다. 그러나 그러한 세상 돌아가는 이치를 깨닫기에는 아직 내 나이가 너무 어렸고, 그래서 나를 가르치는 선생의 실력을 내 나름대로 평가해 보리라는 당돌한 생각을 했던 것 같다.

그런 마음가짐 상태였으니 어린 속이지만, 선생의 사사건건을 아버지와 비교하고 있었다. 이런 내 마음 상태를 알 리 없는 이매방 선생은 성심성의껏 어린 내게 승무를 익혀 주느라 여념이 없는 반면, 나는 열심히 이를 따라하는 쪽에는 관심이 없고 제가 뭘 안다고, 이 선생이 정말 잘 하나 못 하나만 제멋대로 잣대를 들이대 관찰하고 있었으니……결국 이매방 선생에게 수업을 받은 지 일주일 만에 기어코 사단이 나고 말았다.

그날도 선생은 내게 승무 자세를 가르쳐 주고 있었는데, 원하는 자세가 잘 나오지 않아 몇 번이고 '다시!'를 거듭하는 상황이었다. 선생이 요구하는 자세는 잘 안 나오고, 힘은 들고 재미도 없는데, 자꾸만 야단만 맞자 나는 골이 나기 시작했다. 지금은 많은 인생 경험과 후배, 제자들과 함께 인내심을 길러 나 자신을 이겨내는데 성공했지만 어릴 때 나는 일단 화가 나 흥분하기 시작하면 조절이 잘 안 되는 조금 버릇없는 성격이었다. 때문에 우선 폭발하거나 터져 나오는 대로 행동부터 하는 쪽이었다. 당시 어린 나이임에도 그 다혈질의 성격이 폭발하고 말았다.

힘들기도 하고, 피곤하기도 한데 자꾸 틀렸다고만 하는 선생에게 화가 나기 시작한 나는 결국 벌떡 일어나 선생의 한쪽 뺨을 때리고 말았다. 너무나 돌발적인 상황에 어쩌고 할 새도 없이 휘둥그래진 눈이 된 선생에게 약이 오를 대로 오른 나는 그럼에도 아직 분이 덜 풀려 "흥! 이게 무슨 춤이야!"하고 소리를 지르곤 냅다 집으로 달려갔다.

하긴 겨우 여섯 살짜리 계집애가 때리면 얼마나 아프게 때렸겠냐만, 어쨌든 감히 어른에게, 그것도 스승에게 폭행을 가한 '패륜'의 제자가 되었던 것이다. 하지만 그렇게 엄청난 일을 저질러 놓고도, 내가 무슨 짓을 했는지엔 생각도 못 미치는 상태가 당시의 나였다. 그저 화가 머리끝까지 나서 집으로 뛰어온 나는 영문도 모르는 어머니에게 다시는 큰아버지에게 안 간다며 울고불고 난리를 피웠다.

결국 그날 밤 뒤늦게 상황을 듣고 돌아오신 아버지에게 나는 그야말로 치도곤을 당했다. 물론 당돌하기 짝이 없는 어린 계집애의 소행을 봉변 당사자인 이매방 선생은 애교로 웃고 넘기셨다지만, 아버지가 얼마나 얼굴이 화끈거렸겠는가?

지금도 그렇지만, 그 어떤 입장에서도 내 편에 서시는 아버지지만 당신의 딸이 예의에 어긋난다거나 버릇없는 행동을 한 것만큼은 절대로 용납을 안 하신다. 그런데 스승을, 그것도 아버지뻘의 어른 뺨을 때려?

그래서 나는 그날 세상에 태어나서 처음으로 아버지한테 '매'라는 것을 맞아 보았고, 하마터면 집에서 쫓겨날 뻔했다.

내가 잘못한 일보다도 아버지가 나를 야단친다는 사실에 더 놀란 나는 그때 세상이 끝나는 줄 알았다.

저녁도 못 얻어먹고 구석방에 쪼그리고 앉아 훌쩍훌쩍 울었던 게 지금도 생각난다. 그때 정말 내가 느낀 불행감이란……콩쥐팥쥐의 콩쥐, 신데렐라 속의 주인공 등, 제 부모에게 사랑받지 못하고 구박만 받던 불행한 주인공들이 수도 없이 떠올랐고, 누구보다 믿었던 아버지가 나를 버리는가 보다 싶어 하늘이 무너지는 것만 같았다.

다음 날 아버지의 손에 이끌려 이매방 선생님 앞으로 간 나는 무릎을 꿇고 앉아 잘못을 빌어야 했다. 아버지 역시 당신의 딸이 저지른 죄(?)를 선생에게 깊이 사과하셨다. 하지만 이후 나는 금세 내가 했던 발칙한 행동을 잊고 이매방 선생님 밑에서 오랫동안 제자로 지냈다. 그러면서도 언제나 선생님의 무릎에 올라앉아 애교를 부렸던 철없는 나……물론 지금도 나는 이매방 선생님 앞에 가면 마치 딸처럼 무릎에 올라앉는다.

그럴 때마다 이매방 선생님은 나를 보시며 '요놈이 감히 내 빰을 때린 놈이야!"하시며 놀리신다. 덕분에 선생님 앞에만 서면 난 아직도 고개를 들지 못하고 쩔쩔 맨다. 그나마 철없는 어린 것의 소행으로 여기시고 웃어넘기시는 선생님의 넓으신 아량에 감사하면서……

혹독한 연습 속에서

　　　　　　　　초등학교에 들어갈 나이가 되자 아버지는 나를 지금의 미동초등학교인 미동국민학교에 입학시켰다. 물론 미동초등학교가 특히 무용 쪽으로 활약이 많은 학교이기도 했지만, 당시 남산시립관현악단 국악부문을 총괄하고 계시던 아버지가 당신이 관리하기 편한 위치에 있는 학교라는 점도 있었다.

여기서 '관리'하기 편한 위치라는 건 약간의 설명이 필요한데, 아버지는 내가 당신의 딸이 된 순간부터 내 인생을 관리하시기 시작한 분이다. 즉 당신에게 주어진 딸을 한국 최고의 무용가로 만들 결심을 했다는 것부터가 그러한데, 이후 아버지는 마치 나의 수족처럼, 아니 그림자처럼 나를 가르치고, 또 함께 하셨기 때문이다.

덕분에 나는 아버지의 엄청난 감시 때문에 내 마음대로 자유롭게 무얼 한다는 건 상상도 하지 못했고, 심지어는 여자로서 이렇다 할 연애사건(?) 한번 일으켜 보지 못하고 청춘을 마감했을 정도이니 말이다.

그러니까 미동초등학교 입학 역시 아버지의 레이더망이 닿는 범위라는 점이 장점으로 작용했을 것이다. 그래도 미동초등학교 시절에는 무용만을 한 것은 아니다. 무용 외에도 미술에 관심이 많았던 나는 학교 특활 시간에는 미술부에 들었고, 무용은 방과후 아버지가 계시는 남산시립관현악단 강당으로 올라가서 춤 연습을 하며 지냈다.

이러한 생활은 중학교 진학을 위해 상급 학년이 되면서 더욱 강화되었다. 당시는 중학교도 입시를 치러야만 갈 수 있었다. 그래서 초등학교 상급 학년이 되면 너나없이 중학교 입시 전쟁에 돌입하곤 했는데, 나 역시 예외가 아니었다. 더구나 아버지는 중학교 역시 무용반 활동이 잘 이뤄지고 있는 학교에 보내고 싶어하셨고, 그러자니 학교 공부는 물론 시간을 더욱 쪼개 춤 연습을 해야 했는데, 이를 위해 아버지는 새벽부터 나를 데리고 남산으로 가 등교 전까지 연습을 시켰고, 방과후에도 늦은 시간까지 연습을 시키는 강행군을 했다.

그땐 정말 얼마나 힘들었는지……아직 열 살 남짓에 불과한 어린 나이에 새벽잠을 포기하고 일어난다는 것부터 그랬다. 더구나 전날 늦은 시간까지 춤 연습을 했고, 집에 돌아와서는 또 학과 입시 준비를 하느라 12시를 넘기기가 일쑤였으니 그렇지 않아도 피곤에 지친 몸이 말을 듣지 않는 건 당연했다. 그래서 새벽부터 깨우시는 아버지와 아침마다 실랑이를 하곤 했는데, 그렇게 아버지와 씨름을 할 때마다 아버지가 의붓아버지가 아닌가 하는 상상을 했을 정도로 원망스러웠다. 그렇지 않고서야 나를 이렇게 괴롭힐 수 있는가 분개하면서.

내가 그러거나 말거나 아버지는 혹독하기만 했다. 아직 잠도 덜 깬 딸을 데리고 남산으로 올라가서는 웬만한 대운동장만큼이나 넓은 시립국악관현악단 강당을 몇 바퀴씩이나 춤추며 돌게 했다. 특히 한겨울, 그야말로 손이 꽁꽁 얼어붙는 찬바람 속에서도 그러한 강훈련은 어김없이 계속되어서, 실내라곤 하지만 난방도 들어오지 않는 추운 강당을 몇 번이나 돌다 보면 귓바퀴가 얼다 못해 날아가 버리는 것 같았고, 종내에는 감각이 멍해질 정도가 되곤 했다.

그런 내 모습을 보고 출근하던 단원들이 "선생님! 미례 죽어요!"라고 놀라 소릴 지르며 아버지를 말리던 모습이 생각난다. 그렇다고 해서 아버지가 절대로 하던 연습을 멈추는 일 같은 건 없었다. 공연을 통해 보는 것은 물론이고 우리 집에도 자주 놀러와 익히 내 얼굴을 알고 있던 단원들은 자신들에게는 따스하고 자상한 단장이 왜 자기 딸한테는 저렇게 '두 얼굴의 사나이'처럼 되는지 알 수 없어 했다. 당시 그런 단원들에게 아버지는 그렇게 말씀하셨을지도 모른다. 물론 속으로. '너희들도 자식 키워봐!'라고.

화려했던 여중, 여고 시절

아버지의 바램대로 나는 당시 무용반으로 전국에서 유명했던 숭의여중에 입학할 수 있었다. 또한 무용 특기생 1등으로 뽑혀 입학을 하게 돼서 아버지를 기쁘게 했고, 그런 학생이라는 점 때문에 입학하자마자 전교생의 주목의 대상이 되기도 했다. 이러한 주목은 이후 같은 재단인 숭의여고에 진학할 때도 마찬가지였는데, 역시 고교 입학에서도 나는 무용 특기생 1등으로 진학할 수 있게 되어 아버지로서는 바랄 것이 없는 상태가 되었다. 내 장래가 더 이상 의심할 여지가 없는 무용가로 굳어진 것은 바로 이 시기부터라고 할 수 있을 것이다.

또 그 이전에도 그랬지만, 등하교는 물론 내 모든 일거수 일투족에 아버지가 등장함으로써 내 사춘기의 모든 일정을 저당 잡히기 시작한 것도 이 시절부터였다. 숭의여중과 여고는 교실 창문 밖으로 남산 올라오는 길이 내려다보였는데, 학교가 파할 무렵이면 어김없이 학교로 올라오시는 내 아버지 때문에 친구들이 그맘때쯤이면 창 밖을 보면서 '미례야, 안경 떴다!'며 놀리곤 했다. 안경을 쓴 아버지를 두고 친구들이 '안경'이라고 불렀기 때문인데, 그럴 때마다 난 민망하기도 하고, 그런 아버지가 귀찮기도 해서 얼굴을 붉히곤 했었다.

하긴 그보다 더 심한 경우도 적지 않아서 어떤 때는 미처 종례가 다 끝나기도 전에 아버지가 교실 문을 드르륵 열고 들어오는 경우도 있었다. 지금은 교감 선생님으로 계신 당시 담임이셨던 김종기 선생님이 너무나 익숙한 표정으로 아무렇지도 않게 '조금 있으면 끝난다'고 교실 문을 열고 들어서는 아버지에게 말씀하시던 기억이 지금도 난다.

그러면 온 교실에 웃음바다가 펼쳐지고 난 그만 어디로든 숨어 버리고 싶은 창피함에 어찌할 바를 몰랐는데, 나중엔 하두 그러니까 그만 익숙해져서 으레 그러려니 하고 말게 되기도 했다.

아버지의 그러한 지대한 관심 속에 중, 고교 시절 동안의 무용 수업은 착실히 진행되었다. 당시에는 무용을 한다 하면 한국 무용이나 발레 또는 현대 무용이 구분되어 있지 않았다. 그래서 나는 입시 준비도 양쪽의 무용을 다했고, 중·고교 시절에도 이 두 가지를 다했다. 다행히 그러한 경험이 내게는 훗날 재즈 무용을 하는 커다란 밑거름이 되었다.

중학교에 들어가자마자 무용 선생으로 계신 김정하 선생님을 이때 처음 만나게 되었다. 지금도 잊혀지지 않는 건 김정하 선생님의 호된 연습량에 몇 번이나 까무라칠 뻔했던 일이다. 선생님은 나를 무척이나 총애하셨지만 연습에는 인정사정이 없었다.

그러던 여중 시절, 처음으로 대외적인 평가를 받기 시작했는데, 3학년 때 참가했던 경희대 주최 무용 콩쿨에서 특상을 받은 것을 시작으로, 수도사대(지금의 세종대학교) 콩쿨, 이화여대 콩쿨 등에서 계속해서 수상을 했다.

물론 이 상을 받을 때만 해도 나는 그냥 내가 잘 하니까 당연히 상을 받는가 보다는 생각이었다. 태어나서부터 춤에 관한 한 언제나 기대주였고, 또 한번도 내 춤에 대해서 의심을 해보지 않았기 때문이었다.

그러던 내가 내 춤에 대해 다시 생각을 하게 된 것은 함께 무용 대회에 참가했던 아이 하나가 자신이 떨어지자 '너는 니 아버지 덕에 특상 타서 좋겠구나' 하며 빈정거리는 것을 듣고 나서였다. 아버지가 내 춤에 큰 영향력을 주는 존재이긴 하지만, 그와 함께 내 재능에 대해서 한번도 의심을 해본 적이 없던 나로서는 의외의 지적이었고, 또 그만큼 자존심이 상하는 말이어서 내 특유의 오기가 생겼다.

'그래? 그렇담 내 혼자 힘으로도 할 수 있다는 걸 보여줘

야지' 하며 아버지 몰래 혼자 나간 무용 콩쿨에서 나는 콩쿨 참가 후 처음으로 일등에 해당하는 '특상'이 아닌 2등상인 '수석'을 했다. 그제서야 나는 정신이 번쩍 드는 기분이었다. 한번도 의심해 본 적 없는 내 재능이 그게 아니었나 보다 하는 비관스런 생각도 들고, 그렇담 이제까지 아버지 때문에 남다른 특혜를 누린 건 아닌가 싶기도 해서였다.

그 이후 나는 아버지가 시킨 것도 아닌데 새벽 4시에 도시락을 3개나 싸 들고 학교로 가서 무용 연습을 하기 시작했다. 이제부터는 내 힘으로 해내야만 제대로 된 춤꾼이 될 수 있으리라는 '자각' 때문이었다.

물론 힘들고 고달픈 나날들이었다. 그러나 초등학교 때 아버지 강권에 이끌려 새벽 잠을 반납하던 때와는 느낌이 사뭇 달랐다. 힘들지만 내가 내 꿈을 위해 노력하고 있다는 생각, 스스로 기특하다 싶어질 만큼의 자부심이 당시의 나를 지탱하던 힘이었다. 그래서 토슈즈에 수도 없이 발톱이 빠지고, 쉴새없이 발가락에 물집이 잡혀도 나는 군말 없이 연습에 충실했다. 남이 시킨 게 아니고 바로 내가 나 자신과 정한 약속이었으므로.

그렇게 6년. 덕분에 나는 숭의여중, 여고 수위 아저씨들에게 악명 높은 학생이 되었다. 세상에, 날마다 새벽 4시에 일어나 새벽 4시 40분이면 학교에 도착했는데, 도착하자마자 어김없이 수위실 문을 두들겨 깨우는 끔찍한 학생이었기 때문이다.

사람은 누구나 어렵고 힘들 때면 과거를 회상하곤 한다. 나 역시 춤에 지치고 힘들 때면 여중, 여고 시절로 되돌아간다. 춤이란 게 정해진 동작이 있는 것도 아니므로 창의성을 발휘하지 않으면 관객은 더 이상 보지 않으려 한다. 재즈댄스 역시 마찬가지이다. 끝없는 연습과 창의성이 없다면 식상해져 버리기 일쑤고 그러다 보면 나 자신 그 그물에 허우적거리며 자학과 번민에 빠진다. 다시 안무를 시작하지만 머리 속은 이미 굳어 있기 십상이다. 그럴 때마다 나는 여중, 여고 시절 새벽 찬바람을 맞으며 어둠 속을 걷던 나를 생각한다. 그때 그 어린 나이에 한국 최고 춤꾼이 되겠다고 이빨을 악물었던 나를 떠올린다.

거기 언제나 꿈을 꾸고 있을 것만 같던 발랄하던 소녀, 그 소녀 앞에 무한하게 펼쳐져 있던 미래가 떠오르고, 그 미래가 바로 지금의 나였음을 확인하기 때문이다. 지난날 내가 그런 꿈을 꾸었고, 그 꿈들이 가슴 속에 살아 있다는 사실을 확인하는 것만으로도 나는 다시 힘이 난다. 아마 오랫동안 나를 살아 있게 하는 힘일 것이다.

너무나 재주가 많아서 바쁜 아이

　　　　　　　　　　지금도 그렇지만 난 언제나 어느 한쪽에 정체돼 있는 걸 천성적으로 싫어한다. 그래서 아마 춤도 이것저것 다 섭렵해야만 직성이 풀리게 됐는지 모른다. 어쨌거나 그런 성격 탓인지 이미 어릴 때부터 춤꾼이 될 운명으로 키워졌음에도 불구하고 여기저기 기웃거리는 것이 많았던 성장기를 보냈다. 호기심이 많아서이기도 했지만, 춤으로는 만족할 수 없을 만큼 이 재주 저 재주가 많았다. 물론 그렇다고 내가 대단한 능력의 소유자였던 건 아니고, 다만 예능 쪽의 기질이 아무래도 남들 보다는 좀 다양하게(?) 두루두루 있어서였을 것이다.
　지금도 내 방에는 미술 도구가 고이 모셔져 있다. 한때 화가가 되는 꿈을 꿨고 그림 그리는 걸 아주 좋아했다. 그래서 만일 춤을 추지 않았더라면 지금 그림을 그리고 있었을지도 모른다는 생각을 한다. 물론 다 지나간 얘기지만, 그림에 대한 애착은 중학교 시절 전국대회에서 곧잘 상을 받곤 했던 것에서 비롯되었다. 그래서 한때는 고궁에 나가 이젤을 펴놓고 그림을 그리는 것에 빠져 있었던 적도 많았다. 또 중학교 2학년 때 담임이셨던 김익란 선생님 같은 분은 진지하게 내게 미술을 해볼 것을 권하기도 하셨다. 아버지는 그래도 취미를 살릴 수 있게 미술 서적, 미술 도구 등을 외국에서 늘 사오셨다.

그래서 한동안 진로를 미술로 정할까로 제법 진지하게 고민을 하기도 했으나 아버지는 역시 내가 춤을 추기를 바라셨다. 덕분에 화가가 될 뻔했던 소녀 시절의 한때 꿈은 말 그대로 한때의 '꿈'이 되어 버렸고, 그러한 경로를 거쳤던 덕을 보는 게 있다면 지금 춤을 추면서 분장이나 의상, 무대 장치, 조명 등에 남다른 눈썰미를 지니게 된 정도라고나 할까?

그 외에도 내 소녀 시절은 대단히 분주한 나날들이었다. 앞에 말한 그림 그리는 취미 외에도 연예 생활(?)을 했기 때문이다. 집안에 배우가 여럿이나 되었던 까닭에 일찍부터 나 역시 주목을 받지 않을 수 없었던 탓이라 하겠는데, 이미 일곱 살 때 고모인 눈물의 여왕 전 옥이 주연한 영화 〈버림받은 천사〉에 출연한 경력이 있던 나는 중학교 때 우연히 잡지사 기자 눈에 띄어 본의 아닌 모델 활동을 하게 되었다.

지금으로 말하면 10대 스타였던 셈인데, 당시 소녀들에게 큰 인기를 얻고 있던 〈여학생〉이라는 잡지에서 표지 모델로 나갔고, 그게 또 다른 잡지 눈에 띄어 〈학원〉의 표지 모델을 하기도 하는 등 고3 때까지 대단히 바쁜 나날을 보냈다.

지금은 10대 스타가 많지만 당시에는 10대 소녀가 모델 활동을 한다는 것조차 흔치 않을 때였다. 그래서 어딜 가나 주목을 받게 되었고, 또 그러다 보니 여러 가지 에피소드도 적지 않았는데, 한번은 한 사진 소설에서 남학생하고 손을 잡고 찍은 사진 때문에 학교에서 이리저리 불려다니며 벌을 서기도 했다. 또 여름이면 수영복을 입고 찍은 사진으로 해서 반성문도 숱하게 썼고, 교무실과 교내 화장실에 내 비키니 입은 사진이 떡하니 붙어 있어 얼굴을 들고 다니기가 어려울 정도의 눈총을 받기도 했다.

하지만 철이 없던 난 오히려 그런 사람들의 시선이 재미있었다. 어딜 가든 내가 사람들의 눈에 띄고 또 화제가 된다는 사실이 결코 싫지 않았다. 한마디로 적성에 맞았던 것이다. 다행히 그런 연예 활동을 하면서도 춤이나 학교 생활에 무리가 없어 내게 큰 스트레스를 주지 않았던 것도 있고, 특히 나를 언제나 남다른 시선으로 보는 남학생들의 뜨거운(?) 눈길을 받는 것도 내 '공주병'을 만족시켜 주었기 때문이었다.

당시 남학생들 사이에선 잡지에 나오는 여고생이라 해서 내 사진이 돌 정도였다. 그래서 남녀가 엄격하게 분리되었던 당시에 유일하게 남학생과 여학생들이 서로의 학교를 방문할 수 있었던 〈문학의 밤〉이나 〈예술제〉 같은 데서 나는 언제나 주요 인물로 초대받아 출연하곤 했다.

그런가 하면 대학에 들어가서는 의상 디자이너 쪽을 기웃거리기도 했다. 워낙 어릴 때부터 춤을 추느라 춤에 관한 의상은 물론이거니와 연예 활동을 통해서도 적지 않은 옷을 접했던 때문인지, 평소 옷에 대한 관심이 많았고, 가끔은 뚝딱뚝딱 만들어 입기도 했던 터라 의상 디자인을 해도 잘 할 것 같아서였다. 그래서 다니게 된 것이 당시 디자이너가 되려면 반드시 거쳐야 할 곳으로 유명했던 국제복장학원이었는데, 의욕 있게 시작한 건 좋았으나 결국 그것도 춤 때문에 더 이상은 시간이 없어 6개월 만에 손을 놓아야 했다. 지금도 그때 국제복장학원에서 받았던 6개월 수료증을 갖고 있는데, 가끔 내가 디자인 공부를 계속했더라면 어떻게 되었을까 하는 생각을 해본다.

그 외에도 대학 시절, 퇴계로 퍼시픽호텔 내에 있던 관광명소인 홀리데이 인 서울이라는 곳에서 영어 MC를 보기도 했다. 당시 홀리데이 인 서울의 메인 MC는 코미디언 양석천 씨와 미스 롯데 출신 서미경 씨였는데, 외국 관광객이 많이 찾는 곳인 관계로 사이사이 영어를 하는 MC가 필요했고, 이를 수소문하던 관계자가 아버지를 찾아옴으로써 이 무대에 서게 된 것인데, 학교 다닐 때 영어 공부를 부지런히 해둔 덕에 영어가 좀 되었던 나는 덕분에 대학을 졸업할 때까지 이곳에서의 아르바이트로 학비를 벌기도 했다.

결국 이렇게 이것저것 건드려도 보고 끼여 들어가 보기도 하면서 내 성장기는 아주 바쁘게 지나갔다. 유난을 떨었던 대가로 언제나 새벽같이 일어나 일과를 시작하고 늦은 밤까지 뛰고 달리는 생활을 해야 했지만, 그러한 지난날들의 부산스러움이 지금의 내게 큰 힘이 되고 있다는 것, 그래서 지난날들은 언제나 감사한 시간들이었다고 생각한다. 또 이것저것 다양한 꿈을 꾸면서 함께 했던 시간들이 결국 오늘의 나를 만드는데 큰 보탬이 되었다는 것도 감사해야 할 일일 것이다.

제3장

본격적인 무용 수업

일본 나리타 공항에서
(1987)

본격적으로 무용의 길을 들어서다

　　　　　　　본격적으로 무용을 하기 시작한 게 언제냐는 질문을 자주 받는다. 글쎄……그럴 때마다 마땅한 대답을 찾기 어려워 생각에 잠기곤 한다. 이미 어릴 때부터, 아니 어쩌면 태어나는 그 순간부터 무용가로서의 길이 주어진 셈이나 마찬가지이기 때문이다. 물론 일정 부문 2세 무용가를 만들고 싶어하셨던 아버지의 영향이 컸지만, 그래도 내 자신이 하려 하지 않았다면 걷지 않았을 길이었다.

　　결론적으로 내 스스로 춤꾼의 길을 걷고자 하는 의욕이 있었기에 가능했던 일이라는 것이 옳은 답이겠고, 그렇다면 과연 언제부터 본격적인 무용의 길을 걸었냐고 따져 본다면 대학 진학에서부터라고 할 수 있을 것이다.

숭의여중, 여고에서 무용 특기생으로 활동을 하던 나는 고3이 되자 대학 진학을 위해 입시 무용 준비에 들어갔다. 지금은 대학 진학시 분야별로 전공을 따로 시험 보지만, 당시만 해도 무용 대학에 들어가기 위해선 한국 무용과 발레 모두를 함께 익혀야 했다. 전공과 상관없이 두 무용 모두 시험을 함께 보기 때문이었는데, 해서 전공은 한국 무용으로 정했지만 발레는 김인주(전 국립발레단 프리마) 선생님께, 한국 무용은 아버지에게 계속 지도를 받았고, 또 고교 시절 총애를 받았던 김정하 선생님의 도움도 받았다. 물론 중학교 때부터 학교 무용반에서의 수업 외에도 송 범 선생님이 하는 연구소에서 발레를 배웠고, 김문숙 선생님 연구소에서 한국 무용을 배우는 생활을 계속했다.

또 이 시기를 통해 일본 거주 한국 거류민단 초청 공연에 우리나라 대표로 뽑혀 일본 7개 도시 순회 공연을 하는 등 제법 많은 수의 해외 공연을 하며 이미 무용과 나는 뗄레야 뗄 수 없는 관계가 되었다.

일본 말과 영어의 필요성을 느껴 외국어 공부를 시작한 것도 이 시기부터였는데, 일단 고3이 되자 무엇보다 우선 순위가 대학 진학이었다. 그렇지 않아도 도시락을 두 개씩 싸 들고 와서 새벽 연습을 하던 내가 도시락 1개를 더 들고 등교하기 시작한 것도 이 때부터였다. 덕분에 7시 40분에 시작하는 첫 수업은 언제나 졸며 맞이하기 일쑤였고, 점심시간이 되면 후다닥 점심을 먹고 무용실로 달려가 발레 연습에 바빴다. 또 고2부터는 고교 선배이기도 한 현대 무용가 이정희 선생님께 현대 무용을 지도받기도 했는데, 그 영향 덕분인지 나중에 대학에서 현대 무용으로 방향 전환을 하기도 했다.

오직 대학만이 목표이던 그 시절……엄청난 노력과 늘 까딱까딱 조는 생활 끝에 마침내 나는 원하던 한양대 무용과에 진학할 수 있었다. 일단 큰 관문 하나를 통과한 셈이랄까……대학은 그렇게 내게 다가왔고, 입시라는 중압감에서 벗어나자 그야말로 자유롭게 원하는 춤을 맘껏 출 수 있다는 해방감으로 들떠 있던 시절이었다.

대학 진학시 전공으로 선택했던 한국 무용은 김옥진 선생님이 맡아 주셨다. 이후 고교 시절 이정희 선생님께 받은 영향으로 관심을 갖게 된 현대 무용은 김복희 선생님과의 만남을 통해 이루어졌다.

그렇게 대학 생활 4년을 나는 마음껏 춤추고 배우며 보냈다. 가장 자유로웠던 시간들이었고, 또 새삼스레 다가온 '춤'과의 교감을 통해 비로소 춤의 참맛을 알기 시작하던 때였다고나 할까……지금도 아련히 그리운 시간들이다.

본격적인 무용 수업

아버지의 반대를 무릅쓰고
현대 무용으로 진로를 바꿔

　　　　　　　　내가 지금의 재즈댄스로 안착하기까지 하도 이 분야 저 분야를 섭렵하고 다닌 탓에 무용의 어느 장르든 접하지 않은 것이 없을 거라고 생각하는 분들이 많다. 더구나 춤에 관한 한 전폭적인 지지를 보내주는 아버지가 계신 다음에야……사람들이 그런 생각을 하는 것도 무리는 아니다.

　하지만 그런 아버지와도 갈등이 없었다면 거짓말일 것이다. 사실 대학에 들어와서 전공을 현대 무용으로 바꾸기까지 아버지의 반대가 적지 않았다. 아버지는 한번도 내가 한국 무용 외에 다른 길을 간다는 걸 생각해 보신 적이 없으셨고, 나 또한 한번의 의심 없이 따랐기에 그 파장은 컸다.

대학에 들어가 어느 정도 큰 시름을 놓았다고 생각하고 다소 느긋해진 아버지에게 현대 무용으로 전공을 바꾸겠다며 도전장(?)을 내민 것은 1학년 2학기가 시작되던 무렵이었다. 한국 무용 전공이긴 하지만, 애초에 발레와 현대 무용까지를 익혀 왔고, 또 이미 여고 시절 특별한 관심을 가졌던 현대 무용이기에 망설이기까지가 어려웠지 막상 하기로 마음먹자 별 갈등이 없었다. 춤에 관한 한 한번도 이견(異見)을 보인 바 없던 아버지와 나 사이였기에 전공을 바꾸는데 아버지가 반대를 할 거라는 건 상상도 해보지 않았었다.

하지만 뜻밖에도 아버지는 전공을 바꾸겠다는 내 결심에 반대를 하고 나서셨다. 아버지는 나와는 달랐던 것이다. 이미 어릴 때부터 당신의 대를 잇는 춤꾼으로 만들려는 꿈을 키워 왔던 아버지였고, 또 그만한 가치가 있는 재능을 내가 지녔다고 항상 생각해 오셨던 탓이었다. 하긴 아무리 당신 꿈이 지대하다 해도 내가 그를 따라갈 만한 재능이 없었다면 애초에 꿈도 꾸지 않았을 아버지이기는 했다.

그랬기 때문에 더더욱 한국 무용 외의 다른 분야는 고려치 않았던 아버지였다. 게다가 다른 장르는 솔직히 재능이 있다는 생각을 해보지 않았다며 아버지는 나를 만류했다.

난 당황했다. 다른 것도 아니고 춤에 관한 일에 아버지가 제동을 걸어오셨기 때문이다. 그렇지만 그렇다고 해서 일단 세운 뜻을 포기할 나인가? 결국 '도대체 잘 될지 싹이 보이지도 않는다'는 아버지의 우려를 귓전으로 흘리며 고집을 부렸고, 일단 고집을 부리면 꼭 당신을 닮아서 되돌릴 방법이 없다는 걸 잘 아는 아버지가 항복(?)을 선언함으로 해서 전공 바꾸는 문제가 일단락되었다.

 난 신이 나서 김복희 선생님에게로 달려갔고, 원했던 만큼 신명나게 현대 무용에 빠져들 수 있었다. 하지만 난 그런 나를 보는 내 아버지의 마음이 얼마나 서운했으리라는 걸 미처 헤아리지 못했다. 하고 싶은 걸 하게 됐다는 기쁨만 컸지, 오랫동안 원하고 바라던 방향을 틀어 버린 딸이 얼마나 아버지에게 큰 상실감이 됐으리라는 건 어리석게도 생각하지 못했던 것이다.

 물론 일단 허락하고 난 후 아버지는 단 한번도 지난 일에 대한 거론 없이 다시 나의 현대 무용을 위한 뒷바라지를 시작하셨다. 지금도 감사하게 생각하는 부분이다. 그러한 아버지의 넓으신 사랑과 이해 속에서 현대 무용 수업은 시작되었고, 한동안 나는 내가 택한 현대 무용의 새로운 매력에 도취된 시간을 보낼 수 있었다.

이것 말고 다른 건 없을까?
갈증의 시간 속에서

내가 현대 무용을 전공한 것을 아는 이들은 그렇다면 왜 구태여 재즈댄스로 다시 방향을 바꾸었느냐는 질문을 하곤 한다. 물론 그 의문은 어찌 보면 당연한 것일지도 모른다. 무용에 대한 자세한 지식이 있는 게 아니라면 현대 무용과 재즈댄스의 간격 차이가 별로 눈에 들어오지 않을 테고, 별 차이도 안 나는 거 같은데 왜 방향 전환을? 하는 의문을 가질 법하다.

글쎄……아버지의 반대도 무릅쓰고 택한 현대 무용을 왜 중단하고, 이름도 생소한 재즈댄스의 길로 들어섰는가 하는 것에 대해선 딱 한마디로 잘라 말하긴 어렵다. 그러나 대학 4년을 마쳐 가면서 어느 정도 현대 무용을 섭렵했다고 생각하자 나는 무료해졌다.

　물론 현대 무용에 대한 매력이 식은 건 아니었다. 하지만 뭐랄까? 춤이라면 그야말로 원 없을 정도로 장르를 불문하고 추어 온 나였지만, 어쩐지 몸에 맞지 않는 옷을 입은 듯한 갑갑함이 들기 시작했다. 한국 무용을 중단할 때도 그랬고, 발레를 그만둘 때도 그런 설명할 수 없는 갑갑함 때문에 결국 방향을 틀게 되지 않았던가?

　그러자 들기 시작했던 상념들……이미 다 갖추어진, 더 이상은 다른 파격이 존재하지 않는 춤이라는 생각, 그리고 더 이상은 내가 있어 더해질 요소가 없는 듯한 느낌……왠지 이건 아니라는 자각이 어느 순간부터인가 나를 괴롭히기 시작했다. 춤이 나와 잘 안 맞는 게 아닐까 하는 심각한 고민에 시달렸던 때도 이 때였다. 혹시 재능이 없는 건 아닐까 하는 의문도 들었다.

　아무튼 그런 해결되지 않는 의문들이 대학을 졸업하고서도 계속되었고, 어디 가서 하소연할 수도 없는 답답함으로 몸살을 앓아야 했다. 춤을 추면서도 신명이 나지 않는 나날이 계속되었다. 그냥 익숙하게 움직이는 나의 손과 발, 그리고 몸짓……미칠 것만 같았다.

　한때는 그런 내 갈등이 너무 오랫동안 춤을 보아온 끝에 매너리즘에 빠진 건 아닐까 싶기도 했다. 하긴 그럴 법도 한 것이 도대체 몇 년 세월인가……세상사가 무언지도 모를 어린 나이에 들어선 무용에의 발길이 소녀가 되고 대학을 졸업

한 성숙한 여성이 되도록 이어져 왔으니……지루할 만도 했고 변화를 생각할 만도 했다.

 또 어릴 때부터 신물나도록 보아온 춤 공연과 주위를 둘러싸고 있던 무용계 인사들……결국 그 테두리를 벗어나지 못하는 인간 관계가 스스로 박차고 나가고 싶어지도록 답답했을 수도 있었다.

 하기야 그저 가만히만 있어도 내게 무용가로서의 길은 아마 그닥 어렵지 않은 길이었을 것이다. 일찍이 각종 무용 대회를 휩쓴 유망주였고, 거기다 한국 무용계의 큰 존재인 전황의 딸이었다. 그런 만큼 탄탄대로를 걸어오며 무용가로서의 입지를 다져온 셈이었고 현대 무용가로서의 길 역시 당시 스승의 총애를 받는 존재로 부각되고 있지 않은가? 그러니 내 마음먹기에 따라서 현대 무용가로서의 입지 역시 별 문제 없이 얻어질 상황이었다. 그런데도 답답했다.

 그럼에도 더 나를 힘들게 했던 건 그런 답답함에도 불구하고 이렇다 할 만한 대안이 없다는 것이었다. 그렇다고 춤을 포기할 수도 없는 노릇이고. 변화가 필요한 데 변화할 수 없는 안타까움……내 고민의 근원은 거기에 있었고, 대답없는 무수한 질문만 거듭하는 가운데 갈증의 시간이 흘러갔다.

 그럴 때 내 앞에 나타난 해답이 '재즈댄스'였다는 건 어찌 보면 내 암담한 젊은 날을 새롭게 이끈 '구원'이었다. 재즈댄스라는 새로운 장르를 우연히 알게 되면서 나는 마치 신대륙을 발견한 컬럼버스와 같은 기분이었다. 새로운 땅, 미지의 것을 발견한 컬럼버스, 그래서 그 미지의 것을 자신의 것으로 만드는 설렘…….

내게 있어 재즈댄스의 발견은 바로 그런 컬럼버스의 도전과 같은 것이었다. 아무도 거치지 않은 미지의 세계를 탐험해 가는 희열과 같다고나 할까? 그 기쁨을 맛보는 것만으로도 충분히 재즈댄스는 내게 매력있는 춤으로 다가왔고, 나는 옳거니 하며 얼른 받아들였던 것이다. 물론 그렇게 받아든 잔이 결코 달콤한 것은 아니었다. 달콤할 것 같은 희망이 있던 만큼 그걸 얻기 위한 대가가 만만한 것이 아니었으므로…….

하지만 지금 생각한다. 만일 그때 내게 주어졌던 재즈댄스로의 새로운 길이 없었다면 나는 어떻게 됐을까? 아찔해진다.

제4장

재즈댄스의 매력에 빠져 세계를 돌며

일본 유학시절 가네미즈 이꾸꼬 선생님 집에서
왼쪽부터 가네미즈 이꾸꼬, 나, 이꾸꼬 선생님 남편, 그리고 아버지

아! 저거다!
대학 졸업 후 UPI통신에서
우연히 만난 재즈댄스

　　　　　　　　일본인들이 재즈댄스에 빠져 있던 70년대 말, 나는 그 물결의 현장에 있었다. 새로운 장르, 그것도 현대의 모럴과 맞아 떨어지는 춤이라는 점에서 일본인들의 재즈댄스에 대한 사랑은 대단했다. 온 나라 곳곳에 재즈댄스를 가르치는 교육 기관이 속속 들어서고, 심지어는 일반 여성들까지 재즈댄스가 다이어트에 좋다며 재즈댄스 배우기에 열을 올릴 지경이었으니까.

　또 힙합이나 펑키, 브레이크 댄스, 솔 등 모든 춤의 장르를 함께 아우르는 춤이 바로 재즈댄스라는 점에서 청소년들에게도 재즈댄스는 친숙한 춤이 되었고, 젊은 춤이라는 인식과 함께 그들의 사랑도 대단했다.

재즈 댄스의 매력에 빠져 세계를 돌며

그런 현장을 직접 체험했기 때문에 내가 도입하려는 재즈댄스가 정작 한국에서는 냉대를 받아도 느긋할 수 있었던 것이다. 일본에 재즈댄스가 정착하기까지 꼭 10년이 걸렸던 만큼 한국도 '10년만 지나면' 가능하리라는 자신을 가질 수 있어서였다.

그렇다면 나는 어떻게 이 재즈댄스란 걸 알고 입문하였고, 재즈댄스를 선택하게 되었을까? 그걸 얘기하자면 대학 졸업 후로 거슬러 올라간다. 대학에서 한국 무용과 현대 무용을 모두 해냈지만 앞서 말했듯이 나는 그때 자꾸 헛헛하기만 했다. 내가 무용을 한 건 이게 아닌 그 무엇이 있어 그것을 위해 한 거라는 막연한 느낌 때문이었다. 그리고 기존의 무용으로서는 내가 더 이상 해낼 일이 없을 듯도 싶었다.

누군가 예술가란 절대로 남과 같으려 하지 않는 종족이라는 표현을 했던가…….

아마 나 역시 그런 갈증이었던 듯하다. 남이 다 닦아 놓은 길을 간다는 건, 물론 그 길 역시 내게는 평탄 대로여서 그대로 나아가기만 하면 되겠지만, 그것으로는 만족할 수 없는 어떤 것, 나는 그것을 찾고 싶었다. 뭔가 또 다른 길이 있을 거라는 생각, 한계에 다다랐다는 느낌, 아마 그런 것이었을 것이다. 굳이 설명하자면 말이다.

어쨌든 그렇게 뭔지 모르지만 허망하다는 생각을 하고 있을 때 우연히 UPI 통신에서 보게 된 춤……순간 나는 눈이 번쩍 뜨였다. 바로 저거다! 하는 느낌……내가 찾던 것이 바로 거기 있었다. 격정적이고 무한한 에너지가 뿜어 나오는 듯한 전율적인 춤! 그것이 바로 재즈댄스였다.

그렇게 해서 알게 된 재즈댄스. 나는 당장 아버지와 의논했다. 바라지 않던 현대 무용의 길을 가서 한번 호된 실망을 겪으셨을 아버지는 내가 다시 그런 방향 전환을 하겠다고 하니 놀라기보다는 빨리 받아들이는 쪽을 선택하셨다. 결국 그 길 역시 도와줘야 되겠다는 판단을 하셨던지 수소문 끝에 아버지는 나를 일본 최고의 재즈댄서 '가네미즈 이꾸꼬(全光耆子)'가 운영하는 재즈댄스 학교에 입학시켰다. 재즈댄스를 위한 나의 첫 유학길인 일본행은 그렇게 이루어졌다.

이 부분에 있어서 꼭 짚고 넘어갈 것이 바로 우리 아버지다. 내가 우리 아버지를 존경하는 가장 큰 부분이기도 한데, 아버지는 한국 무용을 했고, 지금도 그 바탕에 발을 딛고 계신 분이다. 더구나 당신 자신 최승희의 제자라는 사실을 대단한 자부심으로 생각하는 분이고.

따라서 당신의 딸이 무용가의 길을 간다 했을 때는 아무래도 아버지의 뒤를 이어 한국 무용을 하길 바라셨을 거다. 물론 당신의 스승인 최승희가 전통 무용에만 얽매인 무용가는 아니었기에 비교적 장르에 있어서 너그러운 부분은 있지만, 그래도 아버지가 내게 바란 건 최승희 같은 무용가였으니까.

그런 내가 아버지에게도 생소한 장르인 재즈댄스를 하겠다고 나섰을 때 어떤 마음이었을까는 보지 않아도 짐작이 가능한 일이다. 또 이제까지의 모든 것을 버리고 새롭게 시작하려는 딸에 대한 우려도 만만치 않았으리라. 그럼에도 불구하고 내가 원하고 선택하자 두말 없이 내 선택을 믿고 따라 주셨고, 거기에 더해 직접 수소문해 재즈댄스를 배우는 길을 터주셨다. 덕분에 나는 여기저기 헤매면서 길을 잃을 염려 없이 제 코스를 찾아 재즈댄스로 가는 길을 걸을 수 있었다.

그런 점에 있어서 나는 행운아였다는 점을 굳이 부인하지 않는다. 오히려 감사할 따름이다. 내게 아버지라는 큰 스승이 있었으므로 해서 오늘날의 내가 존재할 수 있음도 그래서 언제나 잊지 않는다. 또 지금은 물론 앞으로도 내가 춤을 추는 한 내 뒤에 버티고 선 아버지의 그늘은 그 어느 것에도 비할 수 없는 나만의 특권이자 경쟁력이기도 하다는 것, 그것이 언제나 나를 힘내게 해주었고 재즈 무용가 전미례가 존재할 수 있는 원동력이라는 사실을.

현대 무용을 뒤로 하고 일본으로

　　　　　　　재즈댄스에 빠져 일본행을 감행하기까지는 그러나 생각처럼 쉽지는 않았다. 우선 한국에서의 눈초리가 곱지 않았다. 일찍부터 원로 무용가 전 황의 딸로 무용계의 한 주역이 될 것으로 주시하던 이들은 내가 모든 과정을 마쳤음에도 불구하고 재즈댄스라는 듣도 보도 못한 것을 배우기 위해 일본행을 결심한다는 것을 이해하지 못했다. 왜 차려진 밥상을 거부하는가? 아버지의 지원에다 스승의 인정까지……마음먹기에 따라서는 탄탄대로의 길이 열려 있는데……그때 무용계에서 나를 바라보던 시각이었다.
　더구나 재즈댄스라는 것이 그저 밤무대의 백댄서가 추는 춤 정도라는 인식이 팽배했던 당시로서 내가 그 길을 걷겠다

재즈 댄스의 매력에 빠져 세계를 돌며

고 나선다는 것은 정통 춤계에 먹칠을 하는 것이라는 따가운 눈길이 나를 힘들게 했다. 나는 절대 그런 춤이 아님을 강변하고 싶었지만, 내 힘으로는 어림도 없는 '벽'을 절감해야 했다.

특히 나를 지도했던 스승 김복희 선생님은 그런 나의 일본행을 더더욱 못마땅해하셨다. 그 분은 일찌감치 나를 당신의 후계자 감으로 생각하셨던 듯하다. 그래서 남다르게 아껴 주시고 세심하게 내 춤을 신경써 주셨던 것이다. 그런 내가 기껏 길러 놓았더니 뿌리치고 달아나는 격이었으니 그 실망과 노여움이 오죽했겠는가?

물론 당시 나로서는 그것이 얼마나 스승의 맘을 아프게 하는 것인지에 대해선 잘 생각하지 못했다. 어쩌면 오히려 내 시도가 스승으로부터 받아들여질 것이라고 지레 자신했는지도 모른다. 하긴 그런 맹목에 가까울 정도의 단순함이 어쩌면 오늘의 나를 만든 원동력이라고 주위 사람들은 얘기하기도 한다.

그렇다고 현대 무용에 대해서 매력을 잃은 건 아니었다. 그러나 앞서 얘기했던 것처럼 현대 무용만으로는 성에 차지 않는 그 무엇이 언제나 나를 서성이게 했던 것이고, 이제 그 결정을 내린 것뿐이었다. 그렇다고 그렇게 쉽게 방향 전환을 생각한 건 아니었다. 오히려 오랜 시절 무용을 한 만큼, 새로운 것에 대한 도전은 더욱 어려웠다.

그렇게 혼란스러웠던 중에 서울대학교에서 일찌기 재즈에

대해 특강을 해오신 권윤방 선생님을 만날 수 있었다. 선생님의 도움으로 나는 완전히 재즈댄스로 인생을 바꿀 결심을 하게 되었다.

사람들은 모두 전미례가 정신이 나갔거나 어떻게 된 거 아니냐며 비웃었다. 웃지 않는 사람은 다행히도 내 아버지와 권윤방 선생님뿐이었다. 그러면 되었다. 아버지가 이해하는데 무슨 대수랴 하는 마음으로 나는 일본행을 서둘렀고, 결국 많은 이들의 의아한 시선과 내 아버지의 격려 속에서 일본행 비행기에 올랐다.

비행기가 하늘에 오르자 만감이 교차했다. 그래……이렇게 시작하는 거다! 물론 시작은 이렇듯 비웃음 속에서지만 이런 비웃음들을 딛고 반드시 웃을 날이 있을 거야 하면서……그러자 재즈댄스로 성공해 한국 무대에서 갈채를 받고 있는 모습이 내 머리 속으로 어지러울 정도로 명멸하기 시작했다. 그것만으로도 벌써 내 마음은 편안해지는 것 같아 나는 의자 깊숙이 몸을 묻으며 앞날의 찬란한 상상에 빠져들었다. 어느덧 비행기는 일본 하늘을 날고 있었다.

혹독한 유학 시절 — 미례! 넌 돌아가라!

　　　　　　　　　일본에서의 생활은 결코 쉽지 않았다. 차가운 냉대와 기다림의 세월이 이어졌다. 그들이 '입교식' 이라고 부르는 입학식조차 한국과는 상당히 달라서 일본식으로 무릎을 꿇고 예(禮)를 치뤄야 했는데, 어쩐지 썩 기분이 좋질 않았다. 옆에서 보던 아버지도 나중에 '야, 거 더럽다야!' 하시며 찝찝해하셨을 정도이다.

　어쨌든 학교 생활은 한국, 특히 일본 애들이 비하를 일삼는 나라에서 온 교습생이라는 점에서 처음부터 눈길을 받는 가운데 시작되었다. 다시 말해 반기는 분위기가 아니었다. 묘하게 '왕따'를 당하는 기분……당시 내가 그들에게 받았던 대접이었다. 고국에서 받아온 찬사와 격려는 한 푼 도움이 되질 못했다. 한국에서 주로 기대와 찬사를 받는 입장이었던 내게 그런 위치 변화는 쉽게 익숙해지지 않는 것이었다.

게다가 아버지가 했던 것 저리 가라 할 정도로 엄격한 규율 속에서 그야말로 숨이 막힐 지경이었다. 하루 종일 선배들의 뒤치다꺼리를 하고 나면 자정이 넘어서야 겨우 개인 레슨을 받을 수 있었고 그때가 되면 몸은 지칠 대로 지쳐 있었기 때문이다.

한동안 나는 그러한 당혹스런 낯설음과 외로움 속에서 싸늘한 마룻바닥에 눈물을 쏟기를 밥 먹듯이 했다. 무엇보다 힘들었던 건 그 중에서도 동료들의 '한국인'이라는 업신여김이었다. 게다가 한국보다 8배나 비싼 물가는 이십대인 나를 잔뜩 주눅들게 했다.

내가 얼마나 아버지 그늘 아래서 편안했었나를 생각하게 한 건 바로 그 시절에서였다. 그런 생각으로 이래저래 적응을 못하고 힘들다는 생각만 하고 있을 때, 마음이 편치 않아서 그런지 몸도 자주 아팠다.

그러던 어느 날이었다. 아침부터 몸살기가 있는 것이 영 몸이 좋치 않았다. 열도 있었고, 식은땀까지 줄줄 났다. 몸이 아프니까 집 생각이 간절해졌다. 견딜 수 없다는 생각이 든 나는 가네미즈 이꾸꼬 선생에게 몸이 불편하다고 호소했다.

하지만 스승은 야박했다. 스스로의 서러움까지 겹쳐 눈물까지 글썽이며 서 있는 나를 이꾸꼬 선생은 흘깃 쳐다보더니 이렇게 얘기하는 것이었다.

"미례짱(이꾸꼬 선생이 나를 부르는 애칭. 지금도 이렇게 부른다), 많이 아픈가 보지? 아버지한테 전화해 줄게. 아픈데 뭐하러 여기 서 있니? 괜한 고생하지 말고 돌아가지……"
　냉정하기 짝이 없는 이꾸꼬 선생의 말에 나는 그만 정신이 번쩍 드는 기분이었다. 물론 속으로는 펑펑 눈물을 쏟는 심정이었지만 눈물이 나오는 것을 이를 악물고 참았다. 내가 여기서 이렇게 하잘 것 없는 존재란 말인가……일본에서 나를 보는 눈은 그저 속 편하게 재즈댄스를 배우러 온 한낱 교습생에 지나지 않았던 것이다. 더구나 재즈댄스라는 장르조차 알려지지 않는 한국에서 온……일본 유학을 시작한 후 처음으로 깨닫게 된 뼈아픈 사실이었다.
　하긴 어찌 보면 이꾸꼬 선생의 말이 옳기도 했다. 춤은 그렇게 연약해서는 결코 완성할 수 없는 것이니까. 결국 강한 자만이 살아남는다는 원칙. 춤판에서도 역시 진리였다.
　이후 나는 제아무리 몸이 쪼개질 것 같이 아파도 내색을 하지 않았다. 하루에 4시간 자기도 힘들었으니 수면 부족을 화장실 변기에 쭈그리고 앉아 5분 정도 깜빡 조는 것으로 해결해야 했고, 믿기지 않겠지만 연습을 하는 중간중간에도 깜빡깜빡 졸았다. 사람이 급하면 화장실 냄새도 달게 느껴지는구나 하는 경험도 그 시절 화장실 변기 위에서의 단잠을 통해 알게 되었다. 아마 화장실 변기 위에서 인생의 쓴맛을 체득한 경우는 내가 유일하지 않을까?
　또 경제적인 문제 역시 내게 결코 쉬운 문제가 아니었다.

아버지의 도움으로 유학을 오긴 했으나 그간 내게 기울인 부모님의 정성만 해도 결코 적지 않은 것이었기에 감사한 마음보다는 미안한 마음이 더 컸다. 그래서 웬만하면 학비를 제외한 최소한의 생활비 외에는 손을 내밀고 싶지 않았고, 때문에 엄청난 고물가 나라를 견디기가 정말 어려웠다.

 당연히 먹는 것 입는 것이 다 초절약일 수밖에 없었는데, 연습하다가 배가 고프면 새알 초콜릿 몇 알로 버티기가 일쑤였고 슈즈 하나를 사기 위해 주먹밥으로 며칠간을 견디기도 했다. 그렇게 해서 내가 일본 땅에서 처음으로 산 슈즈는 지금도 간직하고 있는데, 그 슈즈만 보면 고생하던 그때 일이 떠올라 코끝이 찡해진다. 또 그런 이유로 지금도 나는 새알 초콜릿을 대단히 맛있는 음식으로 여기고 즐긴다. 어려운 시절에 나를 지탱해 주는 에너지원이었으니까.

 양말 값을 아끼기 위해 맨발로만 다니기도 했는데, 그러다 보니 당시 신고 다니던 낡아빠진 푸마 운동화 속에서 늘 맨발이 질걱거려 언제 뽀송뽀송한 신발을 신어보나 간절해질 정도였다. 그런 지경이었으니 거의 영양 실조에 빠져 유스호스텔에서 3일간 기절했다가 주인 아줌마에게 발견된 적도 있었다.

 아무튼 그런저런 시련을 겪으면서 버티자 한국인이라는 이유만으로 경계하던 가네미즈 이꾸꼬 선생은 나를 인정하기 시작했고, 졸업할 때는 최고상이라 할 '교수증'을 주기도 했다. 그리고 지금까지 이꾸꼬 선생은 일본에서의 내 후견인이자 스승으로 존재하고 있고, 졸업하던 이듬해 역시 선생이 운영하는 동경 최고의 K-브로드웨이 재즈댄스 센터에 다시 입교해 두번째 교수증을 받았다. 이후 K-브로드웨이 재즈댄스 센터와는 지금까지 긴밀한 교류 관계를 이루고 있다.

아버지가 사준 눈물의 초밥

　　　　　그토록 그림자같이 따라다니며 보살피던 딸이 막상 일본 유학을 떠나간 후 아버지는 한동안 대단히 허전해하셨다고 한다. 물론 내 입장에서는 아버지의 간섭이 없는 먼 곳으로 간다는 것이 못내 해방감을 느끼게 했던 것도 사실이다. 어쩌면 아버지 때문에 못했던 것들—내 나이 그때 아직 창창한 이십대였다. 해보고 싶은 게 얼마나 많았겠는가?—친구들과의 수다, 미팅, 연애, 그런 것들이 정말 간절하던 때니 말이다.

　그러나 현실은 그렇지 못했다. 일본에서의 생활은 한국보다 더 빡빡한 것이었고, 숙소에 돌아오면 그 나이에 가질 법한 달콤한 상상은커녕 지친 몸을 눕히자마자 곤히 잠에 떨어

재즈 댄스의 매력에 빠져 세계를 돌며

져 버리기 일쑤였다. 당시 얼마나 긴장을 했는지 다음 날 아침 지각을 할까봐 매일매일 타이즈를 입고 잠들 정도였다. 거기다 정신이 번쩍 들 만큼 장난이 아니었던 현실……결국 나는 아버지 밑에 있을 때보다 더 완벽한 춤과의 생활을 이어나갔고, 뜻하지 않았던 냉대와 무시를 이겨내기 위해 그야말로 눈에 불을 켜는 생활을 하고 있었다.

눈만 뜨면 어떻게 하면 춤을 더 잘 출 수 있을까. 어떻게 하면 더 완벽하게 테크닉을 섭렵할 수 있을까 하는 생각으로 온몸의 기를 다 곤두세우고 있을 무렵, 야마모토 선생이 나를 불렀다. K-브로드웨이 재즈댄스 센터에서 수업중이었다.

선생의 방에 가 보니 한국의 아버지로부터 전화가 걸려 와 있었다. 선생이 내민 전화를 받은 나는 대뜸 "무슨 일인데?"라고 물었다. 앞뒤 다 잘라먹고 대뜸 퉁명스럽게 말을 시작하는 내 어조에 수화기 저쪽의 아버지는 기가 막히는 모양이었다. 잠시 숨소리만(?) 들리던 수화기 저쪽의 아버지는 그래도 먼 곳에 있는 딸이라는 데 생각이 미쳤던지 별일 없나 궁금해서 걸었노라고 부드럽게 말을 하셨다. 그러자 대뜸 이것저것 쌓였던 것이 폭발한 나! 그대로 수화기에다 대고 소리를 질러 버렸다.

"왜 전화를 걸구 그래? 나 지금 바쁜데……수업중인데 전화하면 진도 까먹잖아? 잘 있긴……한시가 아까운 데 잘 있을 틈이 어딨어?!!"

그리곤 냅다 수화기를 내려놓고 선생 방을 나와 버렸다. 등

뒤로 휘둥그래진 야마모토 선생의 눈빛이 따랐고 그게 잠시 맘에 걸리긴 했지만, 그때 정말 누구에게라도 그렇게 퍼붓지 않고는 견딜 수 없었다. 하필이면 그러할 때 전화를 건 내 아버지가 불운했던 거라고밖에 달리 할 말이 없었다. 어쨌든 간에 그날 밤은 다른 때보다 좀더 편안히 잠들 수 있었다. 여전히 몸은 피곤했지만 그간 쌓였던 스트레스를 그렇게라도 해소시킨 덕분이었다.

그렇게 나는 모처럼 잘 자고 일어났지만, 그러한 앞뒤 없는 내 불 같은 성질이 누구에게서 물려받은 것이겠는가? 그 아버지에 그 딸이라고 결국 사단이 나고 만 것은 다음 날이었다.

아침 수업을 마치고 나오는데 문 밖에 글쎄 아버지가 서 있는 게 아닌가? 그것도 아직 분을 풀지 못해 씩씩대는 모습으로……얼떨떨해진 나는 내가 헛것을 보았나 싶어 눈을 깜박거려 보았지만, 내 앞에서 노기충천해 있는 분은 바로 내 아버지임에 틀림없었다.

"야! 미례, 이 간나! 니 뭣 땜에 그러냐? 딸년 잘 있나 해서 전화 걸었더니 아니 그게 무슨 태도냐? 엉?"

어떻게 된 거냐고 내가 묻기도 전에 아버지의 분한 목소리가 쏟아졌다. 세상에……어제 냉대하던 딸의 통화가 분했던 아버지는 그걸 참을 수 없어 다음 날로 일본 땅으로 날아오셨던 것이다. 어이가 없어 웃음이 픽 나왔다. 물론 화가 나시기도 했겠지만, 역시 대단한 우리 아버지다 싶어서였다. 아무리 화난다고 그리 쉽게 바다 건너를 단숨에 날아올 수 있는 거냐 말이다.
　하긴 과연 아버지다운 일이기도 했다. 아버지는 내가 일본에 가 있는 동안 매일매일 편지를 보내 오셨다. 그것도 매번 10장이 넘는 엄청난 양을……그래서 동경에 있는 '아지아 가이깡(Asia Center of Japan)'이란 유스호스텔 숙소 후론트 아라이상이 이 편지를 전해 줄 때마다 애인에게 또 편지가 왔다고 놀리곤 했을 정도였다. 그렇게 딸에 대한 정성이 지극했던 분이고, 애인도 아닌 딸에게 지극 정성으로 편지를 쓸 정도로 의외의 섬세한 면이 있던 만큼 상처도 상대적으로 잘 받던 분이었다. 때문에 그러한 딸이 배반(?)을 하니 얼마나 분했겠는가?
　뺨이라도 한 대 올려붙일 것 같은 기세이던 아버지는 잠시 내 얼굴을 보더니 이내 눈꼬리가 처지셨다. 피골이 상접했다 할까……온몸에 살점이라곤 없이 홀쭉해진 딸의 모습과, 그럼에도 불구하고 번쩍번쩍 눈빛만 형형히 살아있는 얼굴 표정 때문이었을 것이다.
　"야, 이 간나야! 너 밥은 먹고 있는 거냐?"
　감정의 변화가 상황에 따라 수시로 변하는 아버지답게 이미 목소리엔 물기가 서려 있었고, 잠시 눈시울을 붉히며 나를 쳐다보던 아버지는 "가자!"하더니 내 손을 잡고 성큼성큼 앞장을 서셨다. 순간 당황한 나……나는 그러한 아버지의 몸짓이 '다 그만두고 집으로 돌아가자'라는 뜻으로 알아들었다. 물론 그럴 수는 없었던 나는 놀라서 버둥거렸다.
"아버지! 나 안 가……이렇게 돌아갈 순 없어!"
순간 아버지가 멈칫하더니 나를 돌아보셨다.
"안 간다구?"
"응"
성질 급한 부녀답게 의사 소통도 간결했다. 아버지의 눈에 언뜻 미소가 서리는 듯하더니 다시 대답없이 내 손을 잡아 끄셨다. 그렇게 해서 아버지에게 이끌려 간 곳은 그 도시에서 아주 유명했던 초밥집이었다.
나는 깜짝 놀라 아버지에게 속삭여 물었다.
"아버지 여기 아주 비싼 집이잖아."
"글쎄……이 간나야! 실컷 먹기나 해라……돈이 문제냐? 몸이 그게 뭐냐?"
아버지는 코를 훌쩍이며 다시 눈시울을 붉혔고 초밥 3인분을 시켰다. 주문했던 초밥이 나오자 비싸서 선뜻 손이 안 가는 건 잠시 뿐 이내 나는 아버지고 뭐고 생각할 겨를 없이 와구와구 먹어댔다. 그런 나를 아버지는 반찬도 집어 주고 물도 먹여 주면서 많이많이 먹으라고만 말할 뿐 정작 당신은 드시질 않는 거였다. 물론 그런 아버지가 생각난 것은 내 배가 어느 정도 부른 뒤였다. 철이 없기도 했지만, 그만큼 당시 내 생활이 궁핍했었다.
그렇게 실컷 딸에게 초밥을 먹인 아버지는 이것저것 먹을 것을 한 보따리 챙겨 주고 양말 안쪽에서 돈뭉치를 꺼내셨다. 그때 돈으로 30만 엔을 엄마에게 말하지 말라며 몽땅 털어 준 뒤 다시 한국으로 돌아가셨다. 괘씸한 딸을 혼내 주려 온 아버지의 일본행은 그렇게 역전이 되고 말았다.
"미례, 으이그 이 간나야! 힘들겠지만 잘 버텨라. 그리구 버티려면 밥 먹는 거 꼭 빼놓지 말구. 알았냐?"
다음 레슨 때문에 공항에도 나가지 못하고 학교 앞에서 작별을 하며 아버지는 이 당부를 몇 번이고 되풀이하셨다. 그리고도 발길이 안 떨어지는지 선뜻 가지 못하고 자꾸만 뒤를 돌아다보시던 아버지의 물기 어린 눈빛을 지금도 난 기억한다. 안타까운 것은 그런 아버지의 정성에도 불구하고 오랜만에 비싼 음식으로 포식을 한 탓인지 그날 밤 나는 설사로 화장실을 드나들며 온밤을 홀딱 세웠다는 사실이다……아, 아까운 초밥이여!

곰팡이 핀 명란젓을 내색 없이
먹던 이꾸꼬 선생

        처음 이런저런 이유로 나를 마땅치 않아 하셨던 이꾸꼬 선생은 일단 나를 인정하자 확실하게 이끌어 주셨다. 특히 먼 곳에서 배우러 왔다는 점을 감안해서 특별히 개인 레슨을 해 주시기도 했는데, 워낙 많은 스케줄이 밀려 있는 선생이다 보니 문제는 그 특별 레슨을 항상 밤 12시가 넘어야 받을 수 있다는 거였다. 그렇지 않아도 하루 종일 춤을 추느라 고달픈 상황인데, 12시 이후의 레슨은 정말 힘들었다.
  하지만 아무리 솜처럼 피곤한 몸이라 해도 선생이 나를 인정하는 특별 레슨이라는 생각으로 피곤함을 버틸 수 있었다. 특히 이꾸꼬 선생은 내 다리를 보고 '사라브 말(경마용 흑마의 다리를 가르키는 말)' 같다며 감탄을 하곤 했는데, 이후 다른 교습생들도 나만 보면 '사라브 말'이라 부르며 내 단단한 다리를 부러워하곤 했다. 물론 나의 이 다리는 어린 시절부터 엄청나게 춤을 추며 단련해 온 결과였다.

이쯤 되니 일본에서의 생활이 편안해지기 시작했고, 늦은 시간 나를 위해 시간을 내주는 이꾸꼬 선생에게 고마움을 표시하고 싶었다. 곰곰이 궁리를 하던 나는 이꾸꼬 선생이 유난히 명란을 좋아한다는 사실을 떠올리곤 한국의 아버지에게 명란을 구해서 보내 달라고 연락을 했다.

이꾸꼬 선생에게 드리고 싶다는 내 말에 아버지는 당장 명란을 공수해 보냈고, 나는 며칠 후면 있을 추석(일본에서는 '오봉'이라고 부른다)에 선물하려고 고이 모셔 두었다. 그런데 문제는 내 숙소에 냉장고가 없다는 사실이었다. 그대로 명란을 두면 상하리라는데 생각이 미친 나는 나름대로 한 가지 꾀를 냈다. 그 꾀라는 게, 큰그릇에 찬물을 부어 거기에 명란통을 넣은 뒤 창 밖에 매달아 놓는 것이었다. 아무래도 창 밖은 시원하니까 안에다 두는 것보다는 낫지 않겠나 하는 생각에서였다.

그래 놓고 흡족해진 나는 마치 카운트다운을 하듯이 추석날을 기다렸고, 마침내 그날이 되자 그 명란을 예쁘게 포장해서 선생의 집으로 찾아갔다.

추석이라고 찾아온 나를 이꾸꼬 선생은 반겨 맞아주었고 나는 좀 쑥스럽지만 자랑스럽게 그 명란을 선생께 드렸다.

한국에서 가장 맛있는 명란이라는 설명과 함께. 선생은 아주 기뻐하며 그 자리에서 명란을 풀었는데, 뚜껑을 열자 뭔가 좀 이상했다. 명란의 표면이 하얀 무언가로 덮여 있는 거였다. 이꾸꼬 선생의 표정이 조금 굳어지더니 나를 흘낏 쳐다보았다. 순간 집에서 먹던 명란은 이렇지 않았는데 싶은 생각이 들긴 했지만, 상에 차려 낸 명란만 보던 나인지라 원래 저런가 보다 무심하게 생각했다.

그런 내 표정을 잠시 보던 이꾸꼬 선생은 이윽고 부드럽게 웃으며 이렇게 말했다.

"그래? 이게 한국에서 유명한 명란이란 말이지? 미례짱, 고맙다. 맛있겠는걸."

그러면서 살짝 한쪽을 집어내 먹어 보인 선생은 다시 잘 먹겠다는 인사를 하며 나보고 냉장고에 갖다 넣으라고 했다. 기뻐하는 선생의 모습에 의기양양해진 나는 얼른 일어나 선생의 냉장고 문을 열었는데……순간 내 눈은 휘둥그래졌다. 세상에! 선생의 냉장고 안에는 갖가지 종류의 명란 통이 가득 들어 있었던 것이다. 그것도 모르고 명란 한 통을 가져와 생색을 냈다니……나는 그만 얼굴이 화끈거려서 냉장고 안에서 얼굴을 뺄 수가 없었다.

물론 이꾸꼬 선생은 여전히 따스하게 나를 대했지만 모처럼 감사의 마음을 표하고 싶었던 것이 이렇듯 민망한 상황이 된 것에 대해 나는 그만 기가 팍 죽었다. 무색해진 마음으로 집으로 돌아온 내가 풀이 죽어 있는데 한국 집에서 전화가

왔다. 이꾸꼬 선생에게 명란을 잘 전해 주었느냐는 아버지의 전화였다. 명란을 선물로 생각해 낸 것이 나 자신이었기에 차마 선생의 냉장고 안에 명란이 수북히 들어 있더라는 말을 할 수는 없었다. 그러면 아버지가 나보다 더 민망해하실 게 뻔했기 때문이었다. 대신 나는 아까부터 어쩐지 찜찜했던 명란 속의 흰 막에 대해 물어보았다. 내 설명을 들은 아버지는 "훅"하고 숨을 들이키더니 잠시 말을 못하셨다. 그러더니 전화 속의 목소리는 이내 어머니로 바뀌었다.

"미례야? 명란이 어떻다고?"

마음이 급해지면 말이 빨라지는 어머니는 속사포처럼 다시 물어왔고 나는 왠지 뭔가 잘못됐다는 생각을 하면서 또 그 상황을 설명했다. 내 설명이 채 끝나기도 전에 어머니가 부르짖었다.

"아이고! 미례야, 그 명란 상했다!!"

이번엔 내 숨이 멈췄다. 그러면? 상한 명란을 이꾸꼬 선생에게 선물한 것이란 말인가? 게다가 드시기까지 했는데…….

그날 밤 난 행여 이꾸꼬 선생이 병원에 실려갔다는 전갈이 올까봐 잠을 못 이루고 불안에 떨었다. 겨우 잠을 이루자 이번에는 이꾸꼬 선생이 죽어서 귀신이 되어 나타나 내게 상한 명란을 먹이려는 악몽에 밤새 시달렸다.

이튿날 레슨을 위해 나온 선생은 다행히 별 문제가 없어 보였다. 너무 민망해 선생의 얼굴을 바로 볼 수가 없어 슬쩍한 눈으로 보았지만 다행이다 싶었다.

지금도 그때 생각을 하면 등에 식은땀이 흐른다. 정말 끔찍한 실수였고, 그럼에도 불구하고 제자의 생각을 헤아려 내색조차 않던 이꾸꼬 선생의 마음에 감사할 따름이다. 물론 이후로 다시 명란을 이꾸꼬 선생에게 선물하는 일은 없었다. 또 명란은 내가 제일 좋아하는 음식 중의 하나지만, 명란을 먹을 때마다 당시 기막혔던 일이 생각나 젓가락이 멈춰지곤 한다.

재즈댄스의 본고장 미국,
그 자유로움 속에서

　　　　　　　　　어렵게 공부하고 돌아온 재즈댄스를 아무도 알아주지 않자 나는 오기가 생겼다. 원래 '오기'하면 또 나 아닌가? 이대로 주저앉을 수 없다고 생각한 나는 일단 한국에서 제대로 된 인정을 받으려면 본고장에서의 확인 작업이 필요하다는 생각을 했다. 원체 무슨무슨 자격증이니 학위를 좋아하는 한국 분위기이니 만큼 본고장에서 '후광'을 입어 오면 태도가 좀 달라지지 않겠나 싶기도 했고, 그보다는 이왕 시작한 재즈댄스이니 만큼 내 자신도 본바닥의 것을 체험해 보고 싶은 욕망도 컸다.
　　그렇게 해서 떠나온 미국. 나를 맞이한 뉴욕은 마치 그리스 신화의 헤라클래스처럼 당당하게 다가섰었다. 그리고 그 도시 전체를 떠도는 자유로움! 그간 뉴욕을 거쳐 갔던 그 많은 예술가들이 뉴욕의 자유로움에 대한 찬사를 보내고, 그 자유로움을 왜 그리워하는지 이해할 수 있을 것 같았다.

뉴욕 사람들은 뛰고 있었다. 흑인이든, 백인이든 센츄럴 파크에서 조깅을 하며 맨해튼 거리를 핑크빛 풍선처럼 부풀려 놓고 있었다. 그러한 자유로움과 분주함 속에서 내가 찾던 재즈댄스는 마치 천상의 탑들 같은 빌딩 숲 사이를 혈관처럼 이어주고 있었다.

뉴욕에서 만난 재즈댄스가 무엇보다 인상적인 것은 우선 대하는 느낌부터 달랐다는 점이다. 본고장이 이래서 다르구나 싶었다고나 할까? 재즈가 탄생한 뉴올리언스 지방 출신들은 물론이고 '재즈'라는 장르 자체가 이미 익숙한 리듬이었기에 그들은 생활화되어 자기 것으로 만들어 놓고 있었다.

당연히 재즈댄스를 배우는 학생들은 그 열의가 대단했다. 한두 시간만 해도 지치는 수업을 여섯 시간씩 수강 신청을 하고 돈이 없어서 창 밖에서 곁눈질로 배우는 사람들도 적지 않았다.

그러한 뉴욕의 재즈댄스에 대한 열기는 내 마음에 깊은 인상을 남겼다. 당연히 나도 그 열기에 휩싸여 브로드웨이를 돌아다녔다. 게다가 미국의 역사만큼이나 미국의 대표적인 문화의 한 장인 브로드웨이의 뮤지컬은 내게 꿈의 무대였다.

브로드웨이에서는 뮤지컬 한 편을 보기 위해 하루 종일 기다리는 사람들을 쉽게 볼 수 있었고, 배우들 또한 공연에 임

하는 자세가 여느 무대와는 달랐다. 그런 브로드웨이는 내게 있어서 '꿈의 실현'이었다.

그곳에서는 평생 오디션만 받다가 사라지는 배우들도 헤아릴 수 없이 많았고, 42번가 뒷골목, 또는 오프 브로드웨이의 조그만 소극장에서 공연하는 것만으로도 큰 영광으로 삼는 것이 하나도 이상하지 않았다. 그래서 뉴욕 42번가의 재즈 무대는 무명 배우들에게는 눈물의 장이기도 하다.

또 본디 재즈가 흑인의 애환에서 시작된 만큼 뉴욕 뒷골목의 무대는 여느 화려한 곳에서는 볼 수 없는 인간미로 내게 다가왔다. 그런 42번가를 돌아다니려면 화려하거나 신경쓴 복장이 필요없다는 것, 이 또한 내게는 큰 매력이었다.

거추장스런 겉치레를 모두 벗어버린 순수하고 편한 모습. 그게 얼마나 나를 편하게 했는지……자욱한 담배 연기와 싸구려 위스키가 흘러 넘치는 그곳에서 번쩍이는 옷차림 같은 건 뉴욕 밑바닥 인생들에게 짭짤한 수입원이 될 뿐이다. 그저 청바지에 자켓을 걸치고 돈도 맥주 한두 병 값만 가지고 다니는 것이 뉴욕 뒷골목 재즈 공연을 안심하고 볼 수 있는 방법이었는데, 그러한 뉴욕 뒷골목의 공연 순례기들은 그간 내가 보아온 그 어떤 공연들보다도 인상적인 것으로 내 가슴속에 간직돼 있다.

지금은 각각 연극과 무용계에서 활약하고 있는 장두이와 아이리스 박을 만난 것도 뉴욕에서의 생활을 통해서였다. 그때만 해도 각자 꿈만을 가진 무명이던 우리들은 객지에서 외롭게 공부한다는 동병상련으로 곧잘 뭉치곤 했고, 또 서로의 어려움을 함께 해결하곤 했다. 이 두 사람은 작은 컴퍼니를 운영하고 있었고 열심으로 공연을 해 미국인들에게 많은 갈채를 받던 터였다. 또 크고 작은 공연 등을 알려주어 같이 보며 생활했다. 언제였던가 뉴욕 브로드웨이 재즈댄스 센터에서 장두이도 내가 듣던 재즈댄스 클래스에 듣고 싶다고 들어온 적이 있었다. 그 특유의 한복을 입은 데다 한국 무용할 때 신는 짚신슈즈를 신고 수업에 참가해 많은 사람들이 신기한 얼굴로 쳐다보았다. 우리끼리는 그러거나 말거나 웃으며 수업을 끝낸 적도 있었다.

또 툭하면 내가 후라이팬과 냄비를 빌린다고 해서 장두이는 나를 '후라이팬 전'이라고도 부르곤 했는데, 그건 지금도 맨손으로 불쑥 나타나 후라이팬과 냄비, 라면 등을 가져오라고 전화를 걸어 놀라게 하기 때문이다.

언제 어느 때 가도 후라이팬과 냄비만 있으면 먹고 사는데(?) 지장이 없기 때문에 항상 미국에 갈 때마다 제일 먼저 공항에서 전화를 걸어 이 명령부터 해서이다. 해외에 가는 게 놀러가는 게 아닌 만큼 잡다한 짐을 싸는 건 딱 질색인 내게 그래서 미국의 이들 두 사람은 언제나 내 주방을 해결해 주는 만만한 친구들인 셈이다.

뉴욕 시절은 그래서 배움도 배움이지만, 진정으로 재즈댄스라는 게 무엇인가를 가슴 속 깊이 각인시킨 시간들이었다. 라면을 끓여 먹으면서도 미래의 빛나는 나를 그려보았던 그 시절, 지금도 그때로 돌아가는 꿈을 꾼다.

레이디 퍼스트로 입장했던 파리 사우나

뉴욕에서의 수업을 마치고 내친 김에 나는 파리로 달려갔다. 본바닥의 재즈댄스를 가슴에 담았으면 이제 파리의 그 화려함과 예술적 영감이 필요했기 때문이다. 또 미국과는 다르게 성장한 유럽식 재즈댄스를 공부하자는 의미도 있었다.

그렇게 달려간 파리는 뉴욕과는 또 달랐다. 세계 예술의 역사를 이끄는 중심지며 '예술의 도시'라는 자부심에서인가? 파리에는 모든 것이 하나도 그냥 지나칠 수 없는 섬세함과 세련됨이 있었다.

나는 그곳 파리 제7대학에서 특강과 학술 세미나에 참석했다. 그 과정을 거쳐 사회교육 라이센스를 받았다. 그런데

기숙사에 가 보니 남자와 여자가 룸메이트인 경우가 있어 기겁을 하게 하곤 했다. 그래서 나도 처음에 그렇게 남자애가 룸 메이트가 되면 어쩌나 하는 걱정을 했는데, 다행히 아랍 애가 한 방을 쓰게 되었다.

물론 그 경우도 처음엔 그리 탐탁치 않았다. 소수 민족끼리만 한쪽으로 밀려난 듯해서였는데, 나중에 알고 보니 그 아이는 파리 시내를 다 살 수 있을 정도인 아랍 대부호의 자제였다. 그러니 오히려 그 애 쪽에서 나를 미덥지 않아 할 지경이었는데, 다행히 그 아이는 환경과는 다르게 소박하고 착해서 외로운 파리 시절을 서로 의지하는 좋은 친구가 되었다.

파리에서 겪었던 문화적 충격은 어쩌면 뉴욕과는 비교가 안될 지경이었는데, 첫 레슨 때부터 그것은 엄청난 충격으로 다가왔다. 레슨을 위해 옷을 갈아입는데, 탈의실이 남녀 구분이 따로 없었다. 이상했지만 아마 자기들만 아는 사인이 있는 모양이다 싶어서 동료가 가르쳐 주는 탈의실로 들어갔다.

마침 그때는 아무도 없었고, 한창 옷을 갈아입고 있는데, 사람들이 들어오는 소리가 들렸다. 그런데 갑자기 내 옷장의 문 밑으로 털투성이 다리 하나가 쑥 나타나는 것이었다. 깜짝 놀랐지만, '와! 파리에는 저렇게 털이 긴 여자도 있구나!' 감탄하며 계속 옷을 갈아입고 있는데, 이번에는 벗은 하체가 쑥 드러났다. 무심코 그 모습을 본 나는 순간 내 눈을 의심하지 않을 수 없었다. 글쎄, 그것은 실오라기 하나 걸치지 않은 남자의 아랫도리였던 것이다!

기절할 듯이 놀란 나는 잘못 봤나 싶어 다시 확인했고, 분명히 그건 남자였다. 오금이 저리기 시작했다. 필경 내가 탈의실을 잘못 들어왔구나 싶었다. 남자 탈의실을 들어오다니…… 이 황당함을 어찌하나 싶어 눈앞이 캄캄해지는데, 저쪽에서 여자 무용수가 옷을 갈아입고 있는 게 보였다. '어? 저긴 여잔데?' 그렇게 해서 주위를 둘러본 나는 이내 사태를 파악할 수 있었다. 그러니까 여긴 남녀가 함께 탈의실을 쓰는 분위기였다…….

탈의실에서의 충격이 얼마나 컸던지 첫 수업은 어떻게 지나가는지도 모르고 흘렀다. 그렇지 않아도 첫 레슨이라 긴장하던 터였는데, 더 놀란 것은 그 남자가 수업을 가르치는 선생이었다. 정말 온몸이 땀으로 목욕을 하는 듯했다.

레슨이 끝나자마자 일단 땀투성이의 몸을 씻기 위해 탈의실로 달려간 나는 또 한번의 기상천외한 사태와 맞닥뜨리게 되었다. 샤워실 앞에 남자 무용수들이 완전 누드로 차례를 기다리고 있는 것이었다. 한국에서의 습관대로 샤워실 안에서 옷을 갈아입으려고 연습복 차림이었던 나는 그만 할 말을 잃고 눈길마저 어디 두어야 할지 몰라 멍하니 서 있었다.

그러자 태연히 서 있던 그 남자들……친절하게도 레이디 퍼스트라고 '미례, 여자니까 너부터 들어가라'며 양보까지 하는 것이었다. 민망한 눈길을 감추기 위해서도 사양할 겨를 없이 샤워실로 뛰어든 나는 다리가 후들후들 떨렸다.

한국의 가족들이 떠올랐다. 동방예의지국의 한국 여자가

재즈 댄스의 매력에 빠져 세계를 돌며

외국땅에서 이 무슨 해괴한 일인가 싶기도 했고, 막상 다 씻고 나면 어떻게 나가야 할지도 고민스러웠다.
 할 수 없이 샤워 후 땀에 쩔은 연습복을 다시 꿰어 입고 뒤도 안 돌아보고 샤워실을 빠져 나왔다.
 그러한 문화적 차이는 한동안 정말 적응하기 어려웠지만, 차차 그것이 그들의 문화라는 생각, 또 그러다 보니 오히려 그러한 그들의 가식없는 행동들이 이해가 가기도 했다. 결국 '중국에 가면 중국식'이라는 말도 있듯이 가급적이면 그들로부터 튀지 않으려 조심하는 쪽으로 방향을 바꿨다. 그렇지만, 탈의실와 샤워실의 남녀 혼성 문제만큼은 오래도록 적응이 안되었던 것도 사실이다.

플라멩코를 위해 다시 스페인으로

　　　　　　재즈댄스가 어느 정도 내 안에서 자리를 잡아간다고 생각하자 나는 다시 플라멩코에 관심을 갖기 시작했다. 어차피 정형화된 형식이 없는 재즈댄스이다 보니 플라멩코 역시 거쳐야 할 관문이라고 생각했다.

　게다가 더 큰 계기는 아버지의 권유였다. 당시 스페인을 여행하고 돌아오신 아버지는 그곳에서 본 플라멩코의 매력에 빠지셨고, 순간 당신의 딸인 내가 저 춤을 추면 너무나 잘 어울리겠다는 생각을 했다고 한다. 물론 무엇을 봐도 당신 딸이 최고라는 우리 아버지의 못 말리는 딸 사랑 덕이겠지만, 아버지의 권유는 내게도 솔깃했다. 내가 해보겠다고 하자 딸 문제만큼은 누구보다 빠르게 움직이시는 아버지가 한국 플라

재즈 댄스의 매력에 빠져 세계를 돌며

멩코의 대가인 조 광 선생에게 나를 데리고 갔다.

그러나 아버지의 후광(?)에도 불구하고 조 광 선생은 처음에 나를 받아들이려 하지 않았다. 처음부터 플라멩코로 시작한 것도 아니고, 재즈댄스하면서 한쪽으로 필요하니까 그저 잠시 왔다 가려는 '철새'라는 이유에서였다.

뜻하지 않은 조 광 선생의 냉대에 당혹스러웠지만, 이왕 하기로 마음먹은 이상 그대로 멈출 수는 없었다. 해서 눈길도 주지 않는 조 광 선생님 스튜디오를 천덕꾸러기처럼 쫓아다니며 동작을 익혔고, 과외로 캐스터네츠를 익히는 등 플라멩코를 내 것으로 만들기 위해 노력에 노력을 거듭했다.

지성이면 감천이라고 했던가? 끝까지 제자로 받아들일 수 없다며 홀대하시던 조 광 선생은 캐스터네츠까지 습득하며 억척을 부리는 내 정성에 서서히 마음을 열기 시작하셨고 드디어 나를 제자로 받아들이시게 되었다.

그렇게 시작한 플라멩코. 무엇이든 끝을 보아야만 직성이 풀리는 내 성격은 플라멩코에 이르러서도 여지없이 발동되었다. 이왕 시작한 춤이니 만큼 한국에서의 최고는 물론 본바닥에서 더 자세히 배워 이 분야에서도 일인자가 되고 싶었다. 일단 그런 생각이 들자 마음이 급해진 나는 마침 97년 독일에서 열렸던 J.D.W.C 재즈댄스 대회에 한국 대표로 참석했을 때 무작정 스페인으로 향하면서 또 한번의 새로운 도약을 시도했다.

당시 한복을 입고 독일 세계 재즈댄스 대회에 출전했던 나는 대회가 끝나자 문득 한국으로 돌아갈 것이 아니라 이 참에 스페인을 들리자는 결심을 했던 것이다. 한국에서 스페인을 가자면 비행기를 세 번이나 타야 하지만, 독일에서는 한 번만 타면 되므로 기회가 좋았다.

일단 어떤 생각이 들면 저지르고 보는 내 저돌성이 발휘되어 당시 스페인에서 플라멩코 지도를 하고 있던 한국의 주리 선생에게 전화를 걸었다. 그리곤 지금 갈 테니 기다리라는 말만을 전하고 스페인행 비행기에 올라탔고, 얼결에 공항으로 나온 주리 선생님과 극적인 만남을 가지면서 스페인에서의 플라멩코 수업은 시작되었다.

스페인에서의 레슨 역시 혹독했다. 빠른 시간에 플라멩코를 습득해야겠다는 욕심에 마음이 바빴던 내가 무섭게 달려들었기 때문이다. 그러나 그것도 어느 정도 경지에 도달했을 때 할 소리였다. 무작정 본고장이라 해서, 또 막무가내로 달려 들어서는 시간 낭비라는 판단을 하게 된 나는 현지 일본친구들의 소개로 따띠(La Tati) 선생을 만났다. 따띠 선생은 내게 플라멩코

〈세계적인 플라멩코의 대가 '화킨꼬르떼'와 함께〉

의 맛을 일깨워 준 스승이기도 한데, 그로부터 내가 안무받은 것이 〈Dicen de Mi(나에게 말을)〉라는 작품이었다. 십여 년전 조광 선생님께 〈알레그리야스(Alegrias)〉라는 작품을 받은 이후 플라멩코 안무 작품으로는 두 번째였다.

〈나의 플라멩코 선생 따띠〉

그렇게 스페인에서 플라멩코를 익히던 시절, 주위 사람들에게 나는 그야말로 무서운 억척이로 통했다. 어렵게 시간과 돈을 들여 스페인에 온 만큼 그 대가를 반드시 이루어야 한다는 집착 때문에 춤 이외의 그 무엇도 내 관심을 끌지 못했다. 게다가 많지 않은 돈으로 공부를 하려니 정말 이보다 더 할 수 없을 정도의 초절약 생활이었다. 하루 세 끼를 빵과 커피만으로 때우는 건 보통이고 특별한 일이 아니면 차비를 아끼기 위해 반드시 걸어다녔다.

물론 이렇게 걷는 습관은 이미 뉴욕과 파리 시절 몸에 밴 것이기는 했다. 모든 해외에서의 유학 기간을 통해 하두 많이 걸어다니다 보니 내 발바닥에는 아직도 굳은 살이 두껍게 박혀 있을 정도다.

어느 정도였냐면 걷는다는 것에 한이 맺힐 정도였다. 그 한

이 얼마나 깊이 맺혔던지 지금은 웬만하면 걷고 싶지 않아 조금만 걸어도 될 길을 꼭 차로 가려는 꾀를 부린다. 물론 이런 내 태도가 결코 좋은 자세가 아닌 줄은 알지만, 오죽 걷는 것에 진력이 났으면 그렇겠는가?

그렇게 고생고생을 하며 배워온 플라멩코는 지금의 내 춤 안무를 더욱 빛나게 하는 요소가 되고 있고, 나는 현재 한국 플라멩코 무용협회 회장으로 활동하며 플라멩코 보급에도 앞장 서고 있다.

제5장
한국에 재즈댄스를 심기 위해

「파문」으로
현대 무용 콩쿨 금상 수상

「건너가게 하소서」 안무 및 출연(1992, 호암아트홀)

스승의 냉대를 받으며 홀로 서다

　　　　　　　1983년. 일본에서의 재즈댄스 공부를 마치고 나는 다시 한국으로 돌아왔다. 4년 만의 귀향이었다. 그러나 그러한 내게 한국 무용계가 보내는 눈길은 예전과는 다른 것이었다. 물론 돌아와서도 한동안은 스승인 김복희 선생님 밑에서 현대 무용을 했다. 재즈댄스를 배우고 돌아왔지만 아직 이렇다 할 복안이 없던 탓이기도 했고, 또 원래 전공이었던 현대 무용과 접목하는 방법이 없을까 하는 생각에서였다.
　물론 나의 이러한 궁리는 그야말로 그저 '궁리'에 지나지 않아서 현대 무용은 오로지 현대 무용으로 존재한다는 것을 깨닫는데 그리 오랜 시간이 걸리지 않았다. 결국 나의 현대 무용 복귀는 앞으로 내가 하려는 재즈댄스의 인식을 위해, 스스로 정통 무용계에서의 실력 검증을 위한 코스가 돼 버리고 말았다. 실망스러웠지만, 그나마 다행으로 생각하고 임할 수밖에 없었다.

어쨌든 돌아온 나는 다시 따뜻하게 맞이해 주신 김복희 선생님과 호흡을 맞췄고 오랜 시간 떠나 있었음에도 불구하고, 마침 무용한국사에서 주최하는 현대 무용콩쿨에서 금상을 타게 되었다. 김복희 선생님이 만들어 주신 안무였다. 〈파문〉이란 작품이었는데 마치 곧 있을 내 재즈댄스의 행로를 예고하는 듯한 제목이었다.

제자가 어떤 생각을 하고 있는지도 모르고 김복희 선생님은 내 수상을 마치 자신의 일처럼 기뻐해 주셨다. 그리고 재즈댄스도 좋지만 그것을 보급하기 위해서는 더 확실한 검증이 필요하다며 내게 대학원 진학을 권하셨다. 물론 무용이란 것이 학력의 고하(高下)와 연결될 필요는 없으나 한국 사회에서 인정받는 가장 적합한 코스가 학력이라는 말씀이셨다. 또 그보다 더 중요한 것이 내 자신을 위한 검증 코스로서도 중요하다는 점을 강조하셨다. 선생님의 충고가 충분히 받아들일 만한 가치가 있다고 생각한 나는 다시 이화여대 교육대학원에서 2년 반, 5학기 동안 무용교육학을 전공하며 석사 학위를 마쳤다.

지금은 물론 그 대학원에서의 수업 기간이 재즈댄스 쪽에서 본다면 오히려 시간 낭비에 가까웠다고 할 수 있다. 그러나 덕분에 정통 교육무용에 대해 다시 한번 훑어보며 내 생각을 정리할 수 있는 좋은 기회이기도 했다. 이때 육완순 선생님과의 만남이 지금까지 중요한 역할을 하게 해주실 줄이야······.

무사히 대학원을 졸업하고 나자 이제 더 이상의 시간 낭비가 있어서는 안되겠다는 생각이 들었다. 이렇게 계속 머뭇거리고 있다간 그나마 배워온 재즈댄스 감각을 잃어 버릴 것만 같았고, 초조해진 나는 결국 김복희 선생님의 만류를 저버리고 재즈댄스를 위한 행동을 시작했다.

그때까지 자신의 아끼는 제자라는 걸 한번도 의심하지 않으신 스승인 김복희 선생님께 너무나 죄송했지만 어쩔 수 없었다. 마침내 김복희 선생님은 끝까지 재즈댄스에 대한 미련을 꺾지 않는 제자에게 크게 실망을 하시며 "그럼, 네 갈 길을 가라"며 고개를 돌리고 마셨다. 그렇다고 스승과 제자의 연을 끊을 수 없었던 내가 이후에 찾아가자 "니 뭐하러 오노? 여기 앞으로 안 와도 된다!"고 외면하시던 선생님······결국 난 선생님께 큰절을 하고 선생님 곁을 떠나고 말았다. 마지막으로 선생님을 떠나오던 날. 선생님과 함께 했던 많은 시간들이 주마등처럼 머리 속을 스치고 지나가면서 눈물이 나왔다. 흐르는 눈물을 닦으며 난 내가 걸어야 할 길을 생각했고, 반드시 성공해서 다시 선생님을 만날 날이 있으리라는 다짐으로 애써 서운한 마음을 달래야 했다. 재즈 무용가로서의 첫걸음은 그렇게 시작되었다.

시립 가무단 지도위원으로…
내 별명은 '다이아나'

　　　　　　본격적으로 재즈댄스를 시작하기 전 내가 일한 곳은 시립 가무단이었다. 당시 대학원을 졸업하자 시립 가무단 지도위원으로 일해 달라는 위촉을 받았는데, 그 때가 84년이었다. 첫 일년은 강사로 시작해서 85년부터 본격적인 지도위원으로 활동했는데, 아시안 게임 개·폐회식 무용 지도까지 하게 되었다.

　그러나 재즈댄스를 언제 어떻게 시작해야 하냐는 궁리에 골몰해 있던 나는 처음에는 그 제의가 그리 달갑지 않았다. 물론 아직 지도자로서의 경력을 채 쌓기 전인 내게 그러한 제의는 영광스러운 것에 틀림없었고, 당연히 기쁘게 받아들여야 할 입장이라는 걸 모르는 바는 아니었다. 또 사실 한편으론 대단히 기쁘기도 했고 무엇보다 아버지가 크게 기뻐하시며 등을 떠미셔서 나는 못 이기는 척하고 일단 시립가무단 일을 시작했다.

지도자로서는 처음 맞는 '중책'이라는 중압감은 나로 하여금 엄청난 에너지를 요구하게 만들었다. 아직 나이도 어리고, 조그만 몸집의 내가 단원들 앞에서 권위를 지니기 위해선 그들을 압도하는 힘이 있어야 했기 때문이다. 그래서 어떠한 경우에서도 원칙을 고수하고 흔들림이 없는 지도에 주력했는데, 그러다 보니 단원들 사이에서 '악바리', '철인', '피도 눈물도 없는 독종' 등 온갖 별명으로 불려졌다.

특히 아시안 게임 개·폐회식 안무 지도를 할 때는 나보다 덩치 큰 수백명의 학생들 앞에서 사실 암담해질 때도 여러 번이었다. 더구나 그 많은 학생들을 일사분란하게 움직이게 하는 것은 결코 쉬운 일이 아니어서 단 위에 선 나는 아랑곳없이 제각각 놀기가 일쑤인 학생들을 보니 한숨이 나왔다. 하지만 어렵다고 거기서 항복한다면 '전미례'가 아니었다.

말 안 듣는 학생을 몇 번이고 운동장을 돌게 하기, 딴전 피우는 학생 손들고 벌서게 하기, 시작할 때 반드시 엄청난 양의 준비운동 시키기 등등······그야말로 다양한 방법을 통해 벌떼 같던 그 많은 학생들을 내 휘하에 무사히 넣을 수 있었다. 그런가 하면 어디서 그런 힘이 나는지 목소리까지 항상 쩌렁쩌렁 울려서 내 기합 소리에 딴전을 피울래야 피울 수도 없었다.

한국에 재즈 댄스를 심기 위해

그랬더니 어느 날부터 학생들이 나를 '다이아나'라고 부르는 것이었다. 별명이라면 으레 '악바리'니 하는 식의 악한 쪽으로만 불리던 터여서 학생들이 부르는 새 별명에 귀가 솔깃해졌다.

'그럼, 그렇지. 다이아나라……이제야 나를 제대로 보는군. 아무렴 내가 독종으로 보이냐 말야……' 하며 으쓱해졌다. 생전 처음 들어보는 '괜찮은' 별명이었기 때문이다. 동화 같은 결혼식을 올렸던 영국 다이애나 황태자비의 이름이 내 새 별명이라니……그리 나쁘지 않은 기분이었고, 흐뭇하기까지 했다.

그러나 나는 그것이 불행하게도 나만의 착각이라는 것을 곧 알게 되었다. 학생들이 내게 붙인 '다이아나'라는 별명은 당시 인기 외화 프로그램이었던 〈V〉라는 TV드라마에 나오던 주인공 이름이었다. 주인공인데 뭐가 문제냐구? 글쎄 하필 그 주인공이 독하고 악랄한, 그리고 징그럽기 그지없는 파충류였던 것이다!

다이아나……시립가무단 지도위원으로서의 활동은 이렇게 멋진(?) 별명을 훈장처럼 달아주었다. 열심히 한 죄(?)밖에 없는데…….

단원 1명으로 시작한 전미례 재즈 무용단

　　　　　　　　　　시립 가무단 지도위원 활동은 내게 많은 것을 알게 해준 중요한 경험이었다. 내가 내 무용단을 이끌 때 큰 도움이 되었고, 또 내 손으로 치른 아시안 게임도 만만치 않은 기쁨이었다.

　그러나 그 사이사이 비집고 들어오는 재즈댄스에 대한 초조함은 점점 커져 가기만 했다. 시립 가무단에서는 한국 무용, 현대 무용, 재즈댄스를 가르쳤는데, 재즈댄스도 들어 있다고는 하지만, 상대적으로 양이 차질 않았다. 무엇보다 이게 아닌데 하는 생각으로 안타까움만 더해 갈 따름이었다. 더구나 주로 창극이나 한국적인 것의 재현이 대부분인 가극단의 특성상 더 이상의 것을 기대한다는 것 자체가 있을 수 없는 일이었다.

　그런 갈등으로 초조해하고 있는 나를 붙들어 주고 많은 조언을 해준 분이 당시 한 건물에 있던 시립 무용단 단장이신 문일지 선생님이었다. 문일지 선생님은 시립 가무단 지도시에도 문제가 생기거나 하면 달려가 도움을 청하던 분이었는데, 한번도 싫은 내색을 하지 않고 친절히 해결책을 알려주시곤 했었다. 또 한국 무용을 하는 분이면서도 무용인으로서 시각이 열려 있는 분이라 내가 하고자 하는 재즈댄스에 대해서도 이미 그 가능성을 알고 계셨고 많은 격려를 아끼지 않았다.

　당시 문일지 선생님은 재즈댄스 보급을 위해 고민하는 나를 보고 어렵게 배우고 온 외국 무용을 여기서 썩히지 말고 빨리 세상에 나가 알리라고, 그러니 한시라도 빨리 행동하라는 충고를 해주셨다. 또 무용인으로서 자기가 하고자 하는 바를 실현하려면 자신의 무용단이 있어야 한다는 것을 얘기해 주신 분도 바로 문일지 선생님이었다. 또 역시 고교 시절부터 지도를 해주며 많은 조언을 아끼지 않았던 현대 무용가 이정희 선생님도 내 재즈댄스를 크게 격려해 주신 분이었다. 이정희 선생님은 당신 자신이 재즈댄스를 하고 싶었다며 그걸 하고자 하는 나를 오히려 부러워하기까지 할 정도였다. 그런 두 분 선생님의 격려와 결국 더 이상은 시간 낭비를 할 수 없다는 생각에서 2년 간의 시립가무단 생활을 마무리지었다.

그리고 시작한 재즈댄스로의 길……지금도 잊혀지지 않는다.

장사를 하려면 먼저 가게를 마련하고 손님을 기다려야 한다. 그래야 아, 여기 이런 가게가 생겼구나 하고 손님이 찾지 않겠는가. 나 역시 그런 마음으로 내 이름을 건 재즈 무용단을 만들고 내가 그 첫 단원으로 입단했다. 그리고 연습을 위한 개인 스튜디오를 만들어 놓고 날마다 열심히 연습을 했다. 앞으로 찾아올 단원들을 기다리며, 마치 예쁘게 단장해 놓고 손님을 기다리는 가게 주인처럼 말이다.

물론 결코 쉽지 않은 일이긴 했다. 무용수가 함께 호흡을 나눌 상대 없이 혼자 춤추며 상대가 될 또 다른 무용수들을 기다린다는 것은. 또 그러다 만일 영원히 아무도 찾아주지 않는다면? 그럴 때 어떻게 할 것인가 두려운 마음도 수시로 들었다.

그러나 나는 기다렸다. 오직 한 가지, 재즈댄스를 알리기 위해서, 그리고 그것을 무대 위에 펼쳐 보일 날만을 생각하면서 말이다. 그때가 1986년의 일이었다.

잊을 수 없는 첫 센터 서초동 시절

　　　　　　단원 한 명, 단장 한 명으로 시작한 전미례 재즈 무용단은 1년 뒤 첫 제자인 윤숙희가 내 휘하(?)에 들어옴으로써 드디어 단원이 생기게 되었다. 이후 윤숙희를 중심으로 제1기 제자들이 탄생되었고, 무용단은 비로소 제대로 된 골격을 갖추게 되었다.

　첫 단원들을 구성하면서 난 정말 뿌듯했다. 드디어 내 무용단이 생긴다는 기쁨 때문에 한동안 잠을 이루지 못할 정도였다. 물론 그렇다고 해서 단원이 모인다는 것만으로 기꺼워 대충 사람만 채운 무용단으로 만들 생각은 없었다. 오랫동안 기다렸던 만큼 제대로 하고 싶어서였는데, 해서 제1기 단원도 정식 오디션을 거친 후 뽑았다. 또 아직 '재즈댄스'라는 춤 자체가 제대로 알려지지 않은 시점인 만큼, 그저 새 춤을 배워 본다는 식의 가벼운 마음으로 오는 참가자들은 사양하고 싶었다. 반드시 발레와 무용 기본을 습득한 경우에만 오디션 참가 자격을 주었고, 때문에 춤을 좀 춘다 싶어 어설프게 덤비는 경우는 정중히 사절했다.

문예진흥원 연습장을 빌려서 했던 이 공개 오디션에는 아버지를 비롯해서 조 광, 김백봉, 김문숙, 문일지, 송 범 선생님들이 심사 위원으로 참여해 주셨고, 모두 22명을 뽑는데 과연 이 인원이나 제대로 오려나 하는 우려를 누르고 200명도 넘는 참가자가 오디션에 응하는 성황을 이루었다. 덕분에 이 오디션만으로도 크게 화제가 되어 각 언론에서 취재 경쟁이 일 정도였고, 그 바람에 과연 '재즈댄스'라는 게 뭐냐는 관심을 불러일으키는 상황까지 이르게 되었다.

나로서는 우선 의외의 반응이었고, 생각했던 것보다 훨씬 빠르게 상황이 진행되니 그저 감사할 따름이었다. 또 솔직히 내 얼굴만을 보고 심사 위원으로 참여해 주신 선생님들에게도 낯이 서게 되어 뿌듯했다.

그렇게 해서 뽑은 단원들을 데리고 '전미례 재즈 발레단'이라는 정식 명칭으로 드디어 무용단이 출범을 했다. '발레단'이라는 이름을 단 이유는, 재즈댄스라는 개념을 이태원에서 추는 밤의 춤으로 생각하는 사람들에게 재즈댄스가 발레를 기본으로 한다는 것을 부각시키고자 했기 때문이었다. 게다가 정통 재즈 발레는 발레에서 신는 토슈즈를 신는 것을 원칙으로 하고 있기도 했다.

 물론 지금의 전미례 무용단은 토슈즈는 물론이고 다양한 구두를 신고 춤을 추고 있다. 정통과 현대, 또 재즈댄스라는 장르의 특징에 맞게 좀더 광범위한 춤으로 영역을 확대시켜 나가려 하기 때문이다.

 어쨌거나 그런 산고 끝에 출범된 내 무용단……이들을 이끌고 첫 뿌리를 내린 곳이 서초동 스튜디오였다. 물론 지금 신사동 센터에 비하면 작고 초라하기까지 한 공간이었지만, 내게는 그 어떤 화려한 공간이 부럽지 않은 소중한 곳이었고, 이곳에서 창단 맴버와 함께 구슬땀을 흘리며 재즈댄스 보급을 시작했다.

 그곳에서 나와 창단 맴버들은 함께 호흡을 맞추며 재즈댄스를 연습했고, 아직 불모지에서 시작한 첫걸음들이었기에 어쩔 수 없이 생길 수 있는 미래에 대한 불안감들을 함께 밥을 지어먹으며 뛰고 또 뛰는 것으로 이겨 나갔다.

 내 입장으로서는 오직 나 하나만을 믿고 따르는 단원들이 그저 고맙기만 했다. 어떻게 해서든지 재즈댄스를 이 땅에 뿌리내려야겠다는 일념으로 펄펄 나르던 시절이었다.

 전 수업을 혼자 해 나가면서도, 또 경비를 아끼기 위해 집에서 부지런히 쌀을 퍼다 나르고 김치를 해다 날랐다. 그런데도 전혀 힘들지 않았던 건 그런 꿈과 희망이 있었기에 가능했다.

 이 서초동 시절은 아마 오랫동안 내 기억 속에 소중하게 남겨져 있을 것이다. 내게는 재즈 무용가로서의 첫발을 내딛었던 잊을 수 없는 시간들이었으므로…….

지금도 입에 오르내리고 있는,
선생이 없는 목소리 레슨

서초동 시절은 드디어 내 무용단이 생겼다는 기쁨만큼이나 바쁜 시기였다. 바쁘다는 점에 있어서는 지금도 그 누구 부럽지(?) 않을 만큼 원없이 바쁜 나지만, 당시에도 몸이 열 개쯤 있었으면 싶을 정도로 바쁜 나날을 보내야 했다.

사람들은 이제 무용단도 생겼고 스튜디오도 생겼으니 좀 편히 지내도 될 텐데 뭐가 문제냐고 의아해했지만, 내 입장에서 무용단의 출범은 이제 시작을 의미하는 거였다. 이미 모든 것이 완성된 상태에서 단체가 만들어지는 기존 무용단과는 입장이 달랐으니 말이다.

무용을 전공했다고는 하지만 재즈댄스는 아직 생소할 수밖에 없는 단원들을 가르치랴, 더구나 해외에서 들어온 장르인 만큼 제대로 소화시켜야 한다는 강박관념으로 나는 이리 뛰고 저리 뛰어야 했다. 또 감각을 잃지 않기 위해서라도 외국에서 벌어지는 각종 재즈 클래스에도 빠짐없이 참여해야 했는데, 단원들만 남겨두고 외국으로 나갈 때마다 마음이 편치 않았다.

그래서 생각해 낸 것이 유명한 '전미례의 출장용 강의.' 이는 우리 무용단에서 지금도 입에 오르내리는 이야기가 됐을 정도인데, 무용단을 만든 이래 첫 해외 출장을 앞두고 단원들의 지도 공백이 걱정이 된 나는, 내가 없을 동안에도 원활한 지도가 이루어지도록 하기 위해서 지도 내용을 녹음했다.

그런데 이왕이면 내가 없더라도 전혀 문제가 되지 않을 만큼 확실한 녹음을 남겨두어야 할 것 같았다. 단순히 그날 그날의 지도 내용을 녹음하는 것이 아닌, 마치 내가 지금 가르치고 있는 것처럼 단원들로 하여금 느끼게 하기 위해서였고, 따라서 내 공백만큼 진도에 차질이 빚어지지 않게 말이다.

그런 생각으로 밤새워 녹음을 해놓고 나는 떠났고, 내 당부대로 녹음기를 틀어 놓고 연습을 시작한 단원들은 그만 다 나가 자빠졌다고 한다. 문제의 녹음 내용은 이랬다.

'자, 다들 시작하자……준비됐나? 먼저 호흡을 가다듬고……원, 투, 쓰리…….'

'A그룹 나온다……자, B그룹 준비한다……세 박자 후 나온다……원, 투, 쓰리…….'

'지금부터 10분 만 휴식이다……10분 후 다시 집합…….'
그러니까 단원들의 일거수 일투족을 일일이 시간에 맞춰 녹음을 해놓았던 것이다. 심지어는 다리를 들어올렸다 내리는 시간까지 계산해서 다음 지도 내용을 녹음해 놓았으니 잠시 내 출장으로 편안히 지내 보려던 단원들이 기가 막혔을 밖에…….

그 완벽성에 그야말로 끔찍하기까지 했다고 나중에 내가 출장에서 돌아오자 단원들은 입을 모았다. 물론 빈말이겠지만 이후 단원들은 내가 출장을 간다 하면 평소보다 더 긴장을 했다. 물론 선생이 없는 목소리 강의도 강의지만 내가 신경을 쓰는 만큼 단원들도 더 확실히 모든 것을 챙겨야 했기 때문이었다. 차라리 함께 있으면서 연습을 하면 상황에 따라 융통성이라도 있겠지만, 그렇지 못하기 때문에 단원들은 내가 해외에 간다고 하면 "와! 또?"하며 부담감을 보이곤 한다.

내 경우는 어땠냐고? 물론 나 역시 출장 기간을 위한 녹음 준비 역시 쉬운 일은 아니었다. 그러나 조금 더 애를 쓴 덕분에 오히려 그러한 선생이 없는 목소리 레슨은 단원들이 어떤 자세를 가져야 하는가를 가르치는 큰 효과를 보았던 것이다.

나의 이런 강의는 비록 많이는 못했지만 아직도 우리 무용단이나 나를 아는 사람들에게 이야기 거리가 되고 있다.

이처럼 나 역시 단원들을 사랑하고 단원들 또한 보이지 않는 곳에서 가르치는 목소리만 들어도 연습할 수 있는 제자들이기에 오늘날이 있는 게 아닌가 싶다.

박세리? 여기도 있죠.

　　　　　　　　　　　내가 좋아하는 사람 중에 한 사람으로 세계적인 골프 스타 박세리가 있다. 물론 나 외에도 박세리 선수를 좋아하는 사람은 많지만, 내가 그녀를 좋아하는 데는 조금 남다른 이유가 있다.
　박세리 선수가 드디어 세계를 재패했을 때 전 세계의 언론들은 한국이 낳은 자랑스런 골프 스타를 소개했는데, 특히 화제가 되었던 것이 그녀의 오늘을 있게 한 그녀 아버지의 지도법이었다.
　일찍이 자신의 딸이 골프에 소질이 있다는 것을 간파한 그녀의 아버지는 과연 친아버지가 맞을까 하는 소리를 들을 정도로 혹독한 훈련을 딸에게 시켰던 것으로 알려졌었다. 그러한 박세리 아버지의 맹훈련은 자녀들의 인생에 관여를 잘 하지 않는 외국인들에게는 물론, 자녀 교육에 극성맞기로 유명한 우리나라 사람들 간에도 상당히 놀라운 것이었기 때문이다.

그러한 박세리를 보고 모두들 대단한 부녀라고 혀를 내두를 때 나는 코웃음을 쳤다. 내가 그만큼 세계를 놀라게 한 스타가 아닌 탓에 알려지지 않아서 그렇지, 혹독함에 있어서 우리 아버지도 그에 결코 만만치 않은 분이셨기 때문이다.

남들이 알고 있는 우리 아버지는 상당히 부드러운 분이다. 또 상냥한 구석도 많아서 언제나 사람들에게 인기가 많은 분이셨다. 그런데 유독 내게만은 엄청나게 독한(?) 분이셨던 것이다. 물론 나를 당신이 바라는 춤꾼으로 만들기 위해서였겠지만, 겨우 여섯 살에 불과한 어린 나를 한겨울 영하 15도의 기온 속에서 뛰고 또 뛰게 하신 분이 우리 아버지다.

좋은 춤꾼이 되려면 무엇보다 체력이 뒷받침돼야 한다는 것이 아버지의 지론이었고, 그를 바탕으로 해서 춤의 기량을 익히려니 대운동장 수차례 도는 건 기본이었다. 그 외에도 계단 뛰어오르기, 산에 올라가기 등 도대체 내가 무용을 하는 건지 운동을 하는 건지 모를 지경이었다.

힘들다고 울고불고하는 거? 절대 통하지 않았다. 아마 필요하다면 얼음물에서도 뛰게 했을 분이 바로 우리 아버지니까……모르긴 몰라도 박세리가 받았다는 훈련 프로그램 못지 않았던 것이 바로 내가 아버지로부터 받은 훈련이었다.

그래서 지금도 체력에 있어서 만큼은 어느 누구에게도 뒤지지 않는다. 또 무용수가 지녀야 할 누구보다 강인한 다리를 갖게 된 것도 아버지의 훈련 덕분이다. 그것뿐인가? 혹시라도 한눈 팔까봐 일거수 일투족을 아버지 레이더망에서 한 발자국도 못 빠져 나가게 완벽한 감시를 했던 내 아버지.

그러니 박세리 선수가 남다르게 다가올 수밖에. 아마 박세리와 나, 또 둘의 아버지가 한자리에서 만난다면 그야말로 끝도 없이 화제가 이어질 것이다 싶어 혼자 웃은 적도 있다. 무시무시하리 만치 독(?)했던 아버지들의 경험담과 보다 강하게 딸 키우는 비법에 대해서 한판 이야기 보따리가 풀어지지 않을까?

그래서 가끔 누가 박세리를 얘기하면 이렇게 한마디 보탠다. 여기 '무용계 박세리'도 있소이다! 하고.

한국에 재즈 댄스를 심기 위해

아, 눈물도 있군요!

　　　　　　　어쩔 수 없이 닮아 가는 게 부모 자식이라고 하던가……내 아버지가 나를 키울 때 그리도 독하고 철저해서 하두 그 하소연을 하고 다닌 탓인가……어찌어찌하다 보니 지금의 나를 두고 사람들이 '독하다'라고 평을 한다는 것을 알게 되었다.

　물론 당연히 나로서는 어이없고 억울한 얘기이지만, 또 항상 '부드러운 여자'임을 자처하고 다녀온 내게는 치명타가 될 만한 얘기이기도 한데, 곰곰이 생각해 보면 남들이 그러는 것이 결코 무리는 아니라는 것을 인정하게 된다.

　특히 오랫동안 나를 보아온 단원들은 종종 내게 궁금함을 표현해 올 정도이다. 도대체 잠은 언제 자는가, 춤 말고 다른 것도 생각하는지, 여린 듯한데 어떻게 그렇게 쌈도(?) 잘 할까 등등인데, 거기에 더해 한동안은 도대체 눈물은 있을까를 두고 내기를 할 정도였다나…….

하긴 밤늦게까지 단원들과 호흡을 맞춘 것을 아는데 다시 밤을 새 안무를 해 그 다음 날 아침 내놓는가 하면, 어떤 경우에라도 춤과 신경이 연결돼 있는 듯한 내 모습. 춤추는 데 방해가 된다거나 공연하는데 문제가 생길 경우 가차 없고 한 판(?) 붙어 반드시 이기고야 마는 내 악착 같음이 그들에게는 참 특이하게 비치기도 했을 것이다.

그래서 일어났던 웃지 못할 일화가 하나 있다. 2년 전인가 한 방송사에서 나에 관한 다큐 프로그램을 만든 적이 있다. 재즈 무용가로서의 내 모습을 소개하고자 하는 프로그램이었는데, 그러다 보니 한 일주일 정도를 동행하며 내 생활을 카메라가 따라다녔다. 물론 그 이전에도 그러한 취재에는 단원들도 익숙해져 있어서 취재는 원활하게 돌아갔는데, 취재가 어느 정도 마무리되어 갈 즈음, 뭔가 좀 그럴 듯한 이벤트가 없을까 제작진에서 단원들에게 요구했던 모양이었다.

마침 그때가 내 생일 즈음이었다. 그러자 단원들이 나를 놀라게 해주고 내 생일도 축하할 겸 나 모르게 작은 파티를 기획했던 모양이었다. 물론 나에게는 비밀로 해서 자연스럽게 변화하는 내 반응을 카메라에 담기로 제작진과 얘기가 된 상태였다.

아무것도 모르는 나는 그날의 일정을 마치고 다시 내 사무실이 있는 센터로 돌아왔다. 역시 제작진과 함께였다. 사실 대략 취재가 끝난 상태라 그만 헤어져도 되는데 굳이 다시 센터로 돌아가자는 제작진의 제의에 약간의 피곤함을 느끼고 있는 상태였다.

뭐, 할 수 없지 하는 심정으로 센터에 도착한 나는 차에서 내리며 아직 이른 시간인데 센터에 불이 꺼져 있어 의아해하며 센터 문을 열었다. 제작진은 아무것도 모르는 양 나를 따랐고.

문을 열자 갑자기 쏟아지는 샴페인과 색종이 세례, 단원들의 함성이 쏟아졌고 나는 그만 깜짝 놀라고 말았다. 너무 의외의 상황이라 얼떨떨하게 서 있는 내 발 앞에는 촛불을 하나하나 이어 만든 촛불길이 센터 입구부터 내 사무실까지 연결되어 있었다. 그런 나를 보고 단원들은 큰소리로 이렇게 합창했다.

"생일 축하합니다! 단장님!!"

그리고 헹가래……활짝 웃고 있는 단원들의 모습 속에는 오래 전에 떠나간 옛 단원들의 얼굴도 보였다. 나는 그만 왈칵 눈물을 쏟고 말았다.

카메라가 그런 나를 계속 따르고 있음도 잠시 잊은 채, 솟아오르는 감격으로 울먹거리고 있는 내 등뒤에서 누군가 이렇게 외쳤다.

"어머 눈물도 있으시다 얘!"

그 말에 나는 울던 것이 목에 걸려 딸꾹질을 시작했고, 결국 우리 모두는 박장대소를 하며 그날의 이벤트를 마무리했다.

　지금도 당시의 일을 두고 단원들과 나는 실갱이를 하곤 한다. 단원들의 말인즉, 절대로 나는 울지 않는 사람인 줄 알았단다. 그래서 취재를 하던 PD가 "뭐, 단장님을 울린다거나 할 만한 일 없을까요?"라고 물었을 때 한결같이 고개를 흔들었다는 것이다. 전미례가 울어? 결코 그런 일은 없을 거라며……심지어는 내가 우느냐 안 우느냐에 내기를 걸기도 했다나.

　망신도 그런 망신이 없었다는 얘긴데, 그런 가운데서도 정말 내가 울지 않을 거라고 믿은 단원들이 대다수였단다. 그러니 그때 담당 PD가 나를 어떻게 생각했겠는가? 더구나 무용을 한다는 여자가 남달리 예민하고 섬세하기는 고사하고 눈물조차 없는 악바리라고 보여졌을 테니.

　그러니 그 순간에 내가 왈칵 울어 버린 게 얼마나 다행한 일이었는지……아슬아슬하게 피와 눈물도 있는 인간(?)으로 복귀한 셈이다. 그래서 지금도 당시 얘기가 나오면 난 그때 일을 벌였던 문제의 단원들을 흘겨보곤 한다. 흥 내가 눈물이 없는 인간이라구? 정말 잘못 봤다는 거 아냐 하면서.

한국에 재즈 댄스를 심기 위해

재즈댄스를 통해 만났던 연예인들

　　　　　　　재즈댄스를 하다 보면 일반인들 외에 많은 연예인들을 만나곤 한다. 그 중 아무래도 가장 가까운 경우는 한 집안인 영화배우 최민수를 들 수 있겠는데, 돌아가신 전 옥 씨가 아버지의 누님이고 내게는 고모인 전 옥 씨의 딸이 최민수의 어머니인 강효실 씨이므로, 강효실씨가 나와는 고종 사촌이다. 그런 탓이기도 하지만, 배우이면서 뮤지컬 무대에도 종종 오르는 민수는 그 자신이 재즈댄스를 배우러 센터에 나타나 지도를 받기도 하고, 또 내가 안무하는 뮤지컬에 주연으로 나와 만나게 되기도 한다.
　그래서 "어머 너 웬일이니?" 하고 손을 내밀면 "여기 출연해"하고 응수를 하는 일도 적지 않고, 그렇게 돼서 한 무대에서 만나게 되는 민수는 언제 봐도 참 좋은 배우라는 생각이 들어 같은 집안 사람으로서 뿌듯해진다.

그리고 또 잊을 수 없는 사람, 가수 하춘화 씨와 배우 이혜영 씨, 또 얼마 전 〈정사〉라는 영화를 통해 역시 정상의 배우임을 증명했던 이미숙 씨, 그 밖에도 가수 임희숙, 가수 이영하 씨 등이 센터에서 만났던 인상적인 연예인들이다.

특히 하춘화 씨는 처음 센터를 찾아왔을 때 선글라스를 끼고 나타나 '저 하춘화인데요……' 하며 당당하게 서 있던 모습이 지금도 생각난다. 그러면서도 끝까지 선글라스를 벗지 않고 얘기를 하던 모습도……하지만 그녀는 막상 수업에 들어가자 무려 4년 간이나 한번도 늦지 않고 출석해 재즈댄스를 배웠다. 물론 처음에는 톱스타라는 자부심 때문에 다분히 특별 대접을 바라는 부분도 있어 난감하기도 했지만, 일단 시작하고 나니 역시 '톱스타' 답다는 생각을 하게 했다. 시간을 내기가 어려워 쩔쩔 매면서도 하춘화씨는 오기로 한 날에는 어김없이 나타나 열심히 땀을 흘리고 돌아가는 성실성을 보여 참 대단하다 싶었다.

우리 센터의 특성상 특별히 누구라고 해서 남다른 대접을 하는 법도 없고, 실제로 그러자면 한도 끝도 없기 때문에 나는 누구에게도 지도만큼은 공정히 하자는 주의다. 또 배우러 찾아오는 연예인들이 한둘이 아니기 때문에 일일이 이들의 구색에 맞는 태도를 취할 수도 없는 일이고. 그러다 보니 재즈댄스를 배우러 센터에 왔다가 자신을 스타라는 위치에 걸

맞는 대접을 안해 준다고 돌아가 버린 연예인도 있다. 그 경우는 오히려 다행이라고 생각한다. 그런 자세로는 춤 또한 제대로 배우지 못할 것이고, 다른 수강자들의 분위기도 흐려 놓을 게 뻔하기 때문이다.

배우 이혜영 씨는 누구보다 탁월한 끼를 가지고 빠르게 재즈댄스를 습득한 이로 기억한다. 지금은 돌아가신 추송웅 씨가 운영하던 극단 떼아뜨르 '추'에서 〈환타스틱〉 여자 주인공으로 발탁됐는데 그때 내가 안무를 맡게 되어 알게 된 경우였다. 그 이후 뮤지컬 출연을 목적으로 나를 찾아온 이혜영 씨는 그 이름에 걸맞게 재즈댄스 또한 뛰어나게 받아들여 내게 깊은 인상을 주었는데, 또 무척 쾌활한 성격의 낙천주의자여서 손발이 잘 맞는 수강생이었다. 그런 그가 후에 내 고모인 전 옥을 그린 뮤지컬 〈눈물의 여왕〉에서 전 옥역을 맡았으니, 나와는 참 색다른 인연이라는 생각을 하기도 했다.

최근 다시 연기의 꽃을 피우고 있는 영화배우 이미숙 씨는 그가 오랜만에 출연해 큰사랑을 받았던 영화 〈정사〉 출연을 앞두고 센터를 찾은 경우였다. 춤도 춤이지만, 출산 등으로 오래 쉬고 있던 몸매를 다듬기 위한 목적이었는데, 물론 이미숙 씨의 경우는 평소 꾸준히 몸매관리를 한 덕분에 특별한 조치가 필요없어 보였지만, 참 열심히 몸 만들기에 몰입하는 모습을 보여줘 감탄을 자아내게 했다. 역시 스타는 결코 쉽게 만들어지는 게 아니구나 하는 깨달음을 주었던 인물이었다. 그런 노력 덕분인지 영화 〈정사〉는 크게 성공을 했고, 이미숙 씨는 다시 제2의 전성기를 꽃피우고 있다.

그 외에도 인상적인 경우가 유인촌 씨의 부인인 성악가 강혜경 씨였다. 강혜경 씨는 내게 오페라 '카르멘'을 위해서 플라멩코를 배워 간 경우였다. 예쁘장하고 다소곳해 보이는 이미지와는 달리 배우겠다는 오기가 대단했던 인물로 기억된다. 지금은 한창 오페라 무대에서 활약을 하고 있다고 한다.

성악가로 플라멩코를 배우러 왔던 분들은 강혜경 씨 외에도 메조 소프라노 김학남, 강화자, 루드밀라 남 등이었다. 또 뮤지컬 〈카르멘시타〉 안무 때 집으로 와서까지 개인 지도를 받던 임동진, 허윤정 씨 등도 아주 성실히 춤을 배웠던 분들이었다.

이밖에도 미스코리아 출신 김성령 씨, 슈퍼탤런트 임세미 씨도 내 센터를 거쳐갔고, 이병헌 씨 동생인 미스코리아 이은희 씨도 우리 센터를 찾았던 연예인이었다.

이병헌 씨 남매의 경우는 재미있는 일화가 있는데, 워낙 내가 춤 외에 관심이 없다 보니 인기 연예인을 몰라보는 경우가 허다했다. 그래서 이병헌 씨 동생 이은희 씨가 찾아왔을 때도 그냥 미스코리아인가 보다 하고 지도를 했었다. 그러자 좀 섭섭했는지 이은희 씨의 어머니가 사진 한 장을 꺼내며 내게 보여주었다. 물론 나는 그 사진을 보고도 별 반응을 보일 수가 없었다. 어디선가 본 듯은 했지만, 그 사진의 주인공이 누구인지 몰랐기 때문이었다. 그런 내 얼굴을 보고 이병헌 씨의 어머니는 상당히 섭섭한 표정을 지으며 '내 아들 이병헌'이라고 얘기하는 것이었다.
 그런데도 잘 모르겠다는 얼굴을 내가 하고 있으니까 그의 어머니는 오히려 놀랍다는 표정으로 '탤런트인데 잘 모르세요?'라고 되물었고, 난처해진 나는 단원들을 불러 물어보았다. 단원들은 반색을 하며 "어머! 이병헌이네" 했고, 그 이병헌의 어머니는 그것 보라는 표정으로 의기양양하게 나를 쳐다보았다. 민망해진 내가 "에구 몰라봬서 미안하다"고 해서 우리는 모두 하하 웃고 말았지만, 이런 경우가 종종 있어서 그때마다 난 좀 유명해 보이는 듯한 인물이 찾아오면 제자들을 불러 몰래 묻곤 한다.
 "저 사람 유명한 사람이니?" 하고 물어서 그렇다고 하면 어느 정도 정보를 얻어 대하게 된다. 그래서 요즘은 열심히 TV도 보곤 한다. 아무래도 너무 사회성치('음치' 등과 같은 맥락으로 사회성이 전혀 없다는 뜻의 내가 만든 속어)인 듯해서 말이다. 이 또한 춤 때문에 생긴 부작용이라고나 할까?

제6장
실의에 빠졌던 나날들

오페라「춘희」
중 나의 플라멩코
공연 모습
(예술의 전당
오페라 하우스, 1999)

눈물 속에 날아간 센터

　　　　　　난 언제나 잘 웃는다. 가급적이면 웃고 사는 게 정신 건강에도 좋고 살아가는 데 편하다는 걸 알기 때문이다. 그래서인지 어떤 경우 사람들은 내가 운이 좋아서 아무 어려움 없이 여기까지 온 것으로 생각하는 경우도 많은 모양이다.
　그러나 그럴 만큼 삶이란 것이 만만치 않다는 걸 나는 너무도 잘 알고 있다. 양지가 있으면 반드시 음지가 있고 오르막이 있으면 반드시 내리막이 있다는 것, 그게 얼마나 숨김없는 진실인지 직접 느끼면서 살아왔으니까.
　양지가 아닌 음지에서의 삶……나에게도 그런 시절이 있었다. 아버지의 전폭적인 지지 아래 어릴 때부터 춤만 추면 되었던 나날들……학교를 졸업하고 정식 재즈 무용가로 내 무용단을 이끌 때까지 모든 것이 탄탄대로였다.

　그토록 원하던 내 무용단을 만들었고, 또 재즈댄스가 차차 사람들에게 알려지면서 이제 어딜 가도 '재즈댄스가 뭐야?' 하는 소리는 듣지 않아도 될 만큼 주변 여건도 무르익고 있었다. 나는 그저 맘껏 가르치고 춤만 추면 되었으니 그야말로 태평성대였던 것이다.

　그러나 호사다마라 할까? 모르는 사이 슬금슬금 내 앞에 먹구름이 펼쳐지고 있었다. 사업을 하는 남편이 나 모르게 센터를 걸고 빚을 졌던 것이다. 항상 사업을 한답시고 이리저리 문제를 일으키고 다니는 남편이었지만 설마 무용단이 있는 센터에까지 손을 댄 줄은 정말 몰랐었다.

　지금도 그날을 기억한다. 오전 중에 볼일이 있어 다른 곳을 들렀다가 센터엘 갔었다. 그랬는데 센터 앞에 망연자실한 표정의 단원들이 웅크리고 있는 거였다. 그렇지 않아도 뭔지 모르게 불안한 느낌이 며칠째 계속된 터여서 나는 가슴이 덜컥 내려앉았다.

　무슨 일이냐고 물어볼 새도 없이 뛰어들어가 센터 문을 열어제치고 보니 세상에!! 센터 안의 모든 것에 붙어 있던 빨간 딱지들!! 그만 나는 털썩 주저앉고 말았다. 놀란 단원들이 울먹이며 나를 부축했다. 내 모든 꿈과 희망이었던 센터…… 그곳에 어떻게 이런 일이 일어날 수 있을까? 한동안 나는 전혀 실감이 나지 않았다. 또 결코 인정할 수 없었다.

사무실 문을 열고 들어가 보니 그 모든 곳에 딱지가 비웃듯이 너울거리고 있었다. 내 사무실의 모든 집기, 앰프, 심지어는 우리가 밥을 지어먹던 밥솥에까지 빨간 딱지가 심술궂게 붙어서 나를 노려보고 있었다. 어이가 없었다. 뭔가 착오가 일어났을 거라는 생각과, 그 착오만 정정하면 곧 모든 것이 원상으로 돌아갈 수 있을지도 모른다는 생각만이 맴돌았다.

동요하는 단원들을 안심시키고 남편에게 연락을 했다. 그러나 이미 그는 사라진 뒤였다. 아무 곳에도 연락이 되지 않는 남편을 사방팔방으로 찾으며 나는 정신을 차리려 이를 깨물었다. 설마 무슨 방도가 있을 거라고 스스로를 달래며…… 그러나 남편이 일을 저지르고 사라진 이상 무엇을 어떻게 손대야 할지 가늠할 수가 없었다. 목이 탔다. 손이 떨리고 가슴이 옥죄어 왔지만 나는 그때까지만 해도 희망을 버리지 않았다.

지금도 나는 그때 그 빨간 딱지들이 너울거리는 가위에 눌릴 때가 많다. 빨간색이라면 가슴부터 내려앉을 만큼 징그럽기조차 하다.

그러나 차압 정도는 놀랄 일도 아니라는 것을 나는 곧 알게 되었다. 센터 전체가 날아갔고 집도 날아간 것이었다. 졸지에 무용단과 집이 없어져 버린 것이다. 이어서 들이닥쳤던 빚쟁이들…… 남편은 그 동안 내 이름을 팔며 엄청난 빚을 지고 있었다. 그러니까 집과 센터가 날아간 건 세발의 피였던

실의에 빠졌던 나날들

셈이다. 말 그대로 나는 모든 것을 빼앗긴 것이었다. 그것도 다른 사람이 아닌 남편에 의해서…….

 오직 내 생명과도 같은 무용단과 센터가 물거품이 된다는 사실……그 기막힌 상황만이 확대되어 머리 속으로 휘몰아쳤다. 아니 집도 그 다음 문제였다. 설마 어디 한 곳 우리 식구 몸 붙일 때 없을까……그러나 산산조각이 나 버린 내 센터는 어떻게 하란 말인가? 내게 있어서 센터가 어떤 의미인지 잘 아는 남편이 설마 이럴 수 있을까 실감이 나질 않았다.

 하지만 눈앞에 보여지는, 그리고 기다렸다는 듯이 쉬지 않고 밀려드는 끔찍한 현실들……더, 더 하며 마치 경쟁하듯 기막힌 재난들이 줄을 이었다. 모두 남편이 저지른 사고들이었다. 누구에겐 얼마, 누구에겐 얼마 하는 식의 빚잔치까지……모든 금전관계가 내 이름으로 되어 있었고, 도대체 상상도 할 수 없는 액수의 빚들이 내 앞으로 몰려 있었다. 모든 신용카드가 중지돼 있었고, 곧 파산자나 다름없는 취급을 받았다. 그런데다가 춤까지 빼앗기게 되었고……오 남편이여! 나는 그만 비명을 지르며 무너져 버렸다.

모든 걸 잃고 실의에 빠졌던 나날들

　　　　　　살다 보면 죽고 싶을 만큼 괴로울 때도 있는 법이다. 그래도 딛고 일어나 살아 보려는 것이 사람 사는 모습인데, 센터가 날아가고 울고 매달리는 단원들과 '언젠가 다시 만나자'라며 기약 없이 흩어진 후 나는 그대로 쓰러지고 말았다.

　지금도 그때 내게 매달리며 흐느끼던 단원들의 얼굴이 생생하다. 그들 역시 나 하나만을 믿고 자신들의 청춘을 바쳐 왔던 것이다. 그런데 졸지에 그 꿈이 날아가 버렸으니 그 허망함과 좌절감이 오죽했을까? 그런데도 감사한 것은 그들이 끝까지 내 옆을 지키려 했다는 사실이다. 이젠 아무것도 해줄 수 없는 스승, 아니 이젠 남아 있는 게 아무것도 없는 스승. 그럼에도 불구하고 그들은 나를 스승이랍시고 그 상황 속에서 굳건히 지키고 나섰다.

하지만, 그 마음을 알기에 그만큼 더 버거웠던 나는 찢어지는 가슴을 겨우 참으며 제자들을 보내야 했다. 내가 어떻게 그들을 잡아둘 수 있단 말인가? 나 하나도 설 데가 없는 상황인데, 하물며 그들을 내가 어떻게 책임질 수 있겠는가? 그것은 있을 수 없는 일이었다.

마침내 제자들이 떠나가던 날 그들은 내게 화사한 꽃다발을 안겨 주며 눈물을 흘렸다.

"단장님, 꼭 다시 일어나세요. 그리고 우리 꼭 다시 부르세요!"

그런 제자들의 간절한 얼굴들······우린 그만 너나 할 것 없이 한데 얼싸안고 울음을 터뜨렸다. 아니 그건 통곡이었다.

그렇게 제자들을 떠나 보내고 마침내 맥을 놓아 버린 나······정신을 잃어 버리고 며칠을 고열 속에 앓았던가. 어느 날 눈을 떠보니 구차하게도 살아 있는 자신을 발견했다. 살아야 할 아무 의미도 없어졌기에 살고 싶지가 않았다. 그대로 죽기만을 바랬었다. 그러면 더 이상 험한 꼴도 보지 않고 편할 터인데······.

그때만큼 자신이 미웠던 때가 있을까? 나는 이미 죽은 목숨이었다. 그러니까 그대로 죽어 버렸어야 하는데 다시 살아 눈을 떴다니 미칠 것만 같았다. 왜 나를 살려놨던 말인가? 모두가 원망스러웠다. 이렇게 살아 다시 눈을 뜨다니······꺽꺽 다시 통곡이 밀려왔다. 그러나 기진한 몸에선 울음소리조차 나오질 않았고, 나는 그저 소리없이 눈물만 흘렸다.

울고 있는 눈 속으로 그런 나를 걱정스럽게 바라보고 있는 부모님의 얼굴이 들어왔다. 두 분 다 며칠 사이에 확 늙어 버린 것 같았다. 그리고 그 옆에 앉아 불안하게 쳐다보고 있는 어린 내 아이들……

새삼스레 회한이 북받쳐올랐다. 나 잘 되는 것만을 바라보고 전심전력해 온 부모님……그 분들에게 무슨 죄가 있는가? 영문도 모르고 집에서 쫓겨 나와 불안함에 떨고 있는 아이들은?

나는 팔에 꽂혀 있던 링겔 바늘을 뽑아 버리며 악에 악을 썼다. 죽을 거라고……왜 나를 살려놨냐고……터무니없는 트집을 잡으면서 그야말로 미친년처럼 길길이 뛰었다. 그리곤 다시 혼절……그런 날들이 흘러갔다.

그러다가 그런 힘마저 빠지자 나는 그저 자리에 누워 눈만 뜨고 있었다. 말 그대로 살아 있는 송장이었다. 수면제를 먹지 않으면 잠들지 못하게 되었다. 죽지도 못하고 잠들지도 못하는 삶……구차하기 짝이 없다는 생각만 하며 하루하루를 망연히 흘려 보냈다.

죽으면 천당이든 지옥이든 가서 춤출 수 있을까? 그런 생각만이 생생했다. 안 먹으면 죽을 수 있겠지? 아니, 손목을 그을까? 별별 상상을 다하며 물 한 모금 넘기지 못하는 나를 부모님은 강제로 링겔을 꽂으며 살려놓고 있었다.

그러는 사이사이 부모님과 형제들은 사라진 내 남편을 백방으로 찾아다니는 모양이었다. 어찌 되었건 일을 이 지경으로 만들어 버린 당사자가 나타나야만 해결의 실마리를 찾을 수 있으니 말이다.

그러나 나는 알고 있었다. 남편은 결코 나타나지 않으리라는 것을……남편이 돌아오는 건 만에 하나 기적적으로 내가 회생해 다시 집과 센터를 세우면 모를까. 그러나 그도 기약 없는 가정일 뿐. 아마 그렇게 되면 또 남편은 그것들을 담보로 빚을 얻고 가능성 없는 사업을 벌이겠지. 결국 다시 도로 아미타불이 될 게 뻔히 보였다.

결국 내가 회생할 수 있는 길은 어디에고 없었다. 현재는 물론 미래를 잃어버린 것이다. 왜 하필 나에게? 그저 춤만 추며 열심히 산 죄밖에는 없는데……결혼 잘 못한 죄? 아니다. 그도 아니었다. 나는 한 남자의 아내로서, 또 두 아이의 엄마로서 부끄럽지 않은 삶을 살았다. 그런데 왜 내게? 왜 하필 내게 남편은 비수를 들이댔을까? 하루에도 수십번씩 고개를 흔들었다. 이건 꿈이 아닐까? 내가 너무 잘 살고 있으니 신이 샘을 내서 꿈속에서나마 벌을 주고 있는 건 아닐까? 그렇게 믿고 싶었다. 그리고 한없이 남편이 원망스러웠다. 도대체 내게 무슨 억하심정이 있길래…….

그저 뜨거운 눈물만 흘리며 나는 눈을 감고 있었다. 절대로 눈을 뜨고 싶지 않았다. 그렇게 눈을 감고 있다가 조용히 떠나 버릴 수 있다면. 그때 내가 가장 바라던 소망은 그것뿐이었다.

미례야, 너는 춤을 춰야 해

　　　　　　　모든 것을 잃고 맥을 놓아 버린 딸. 그래서 완전히 죽을 양으로 자리 보전하고 있는 딸을 바라보는 건 부모님에게도 못할 짓이었을 것이다. 아이들 역시 마찬가지였다. 어느 날 모든 것이 날아가고, 맥을 놓아 버린 엄마, 그리고 없어진 아버지……얼마나 놀라고 무서웠을까?

　그러나 그때는 내 상심이 너무 커서 다른 이들의 마음을 헤아릴 여유가 없었다. 지금에서야 내가 얼마나 부모님과 아이들에게 못할 짓을 했는가 가슴을 치지만, 그때 나는 그렇게 내 불행만을 생각하고 있었다.

　그렇게 죽지 못하고 살아 있던 어느 날……아버지와 어머니가 어딜 함께 가자며 일어나라고 했다. 어딜 가냐는 질문을 할 의욕조차 없는 난 그저 멍하니 그런 부모님들을 바라보기만 했고, 아버지와 어머닌 그런 날 억지로 일으켜 옷을 입히더니 부축해서 차에 태웠다.

도대체 살고 싶지 않은 나에게 무슨 짓인가 싶었지만, 그도저도 따질 기운도 없어 나는 그저 부모님이 이끄는 대로 허적허적 따라갔다. 워낙 기력이 없는 터라 걸음을 걸을래도 풀썩풀썩 고꾸라지는 바람에 부모님이 양 옆에서 나를 부축하는 기가 막힌 모습을 하고 말이다.

나를 차에 태우고 부모님은 어디론가 가셨다. 얼마 만에 나와 보는 세상인가……나는 차창 밖으로 펼쳐지는 세상의 모습을 멀거니 바라보았다. 내가 이 모양인데도 변함없이 잘 돌아가고 있는 세상이 거기 있었다. 세상도 나를 버리는구나……깊은 탄식이 절로 나왔다.

한참을 가던 부모님은 어떤 건물 앞에 차를 세우더니 다시 나를 부축해 그 건물 엘리베이터를 태우곤 4층으로 올라갔다. 제법 넓은 사무실이었다.

"미례야, 여기 어떠냐? 맘에 드냐?"

아버지가 나를 보며 조심스럽게 물었다. 나는 아무 생각없이 그런 아버지를 바라만 봤다. 아버지가 뭘 하시려는 모양인가 보았다. 무용학원을 다시 차리시려는가? 그게 나와 무슨 상관인가 그저 귀찮기만 했다.

"아, 맘에 드냐고?"

아버지가 이제는 좀 목소리를 높이며 내 대답을 재촉했다.

"뭐가 맘에 드는데? 이게 뭔데? 아무것도 없는 공간이네?"
심드렁한 내 물음에 아버지는 짧게 한숨을 내쉬더니 다시
"그럼, 싫지는 않제?"
하고 물었다. 그래도 멍하니 서 있기만 하는 나를 어머니가 쿡 찔렀고, 아무려면 어떠냐 싶어진 나는 그저 고개를 끄떡끄떡했다.
"그럼, 됐다. 계약하자."
무슨 일이 일어나고 있는가……아버지는 여전히 휘청거리고 있는 나를 이끌고 계약을 했고, 강 건너 불구경하는 양 나는 여전히 맥을 놓고 있기만 했다.
계약을 마치고 집으로 돌아온 아버지는 다시 누우려는 나를 앉아 보라고 하셨다. '도대체……' 하며 짜증이 나려는 걸 억지로 참으며 내가 앉자 아버지가 좀전에 계약했던 사무실의 열쇠를 내게 내미셨다. 그리곤 이렇게 말씀하셨다.
"이제 그만 정신 차려라. 미례야, 너 춤추어야 되지 않니?"
그런 아버지를 나는 멍하니 바라보았다. 안타까운 눈빛으로 나를 바라보고 계신 아버지. 그리고 그 옆에서 눈물을 훔치고 계신 어머니……그제야 내게 무슨 일이 일어나고 있는지 어슴푸레 느껴지기 시작했다.
안개 걷힐 때가 이런 모양일까? 서서히 머리 속이 개어 오면서 비로소 현실감이 다가오고 있었다. 나도 모르게 열쇠를 움켜쥐었다. 그리고 부르짖었다.
"아버지! 나 춤출 수 있어? 다시?"

아버지와 어머니는 그런 내 손을 붙들고 눈물을 흘렸다. "으이구 저 간나……!"하면서. 나 또한 철철 눈물을 흘리고 있었다.

춤을 못 추고 죽어가는 딸을 위해 아버지가 집을 파셨단 것은 나중에 알게 되었다. 그 집이 어떤 의미라는 걸 누구보다 잘 알고 있는 나였다. 아버지와 어머니가 젊은 시절부터 애면글면 모아 남동생이 예쁜색시 얻으면 줄려고 마련한 집이 아니었던가……제정신이라면 결코 받아서는 안 될 도움이었으나 난 그때 오로지 춤을 다시 출 수 있다는 생각만 했다.

정말 불효막심한 자식이었지만, 난 그런 부모님의 배려로 다시 춤을 출 수 있게 되었다. 그리고 다시 살아났다.

다시 일어나 춤추며 플라멩코까지

　　　　　　　　절망에 빠진 나를 다시 일으켜세우기 위해 부모님이 남동생 장가갈 때 주려던 집을 팔아 마련해 주신 내 춤터. 그곳이 바로 지금의 신사동 센터이다. 다시 춤을 출 수 있다는 사실……그 사실만으로도 물 한 모금 못 넘기고 죽음만 기다리고 있던 반송장의 내가 벌떡 일어섰다. 어디서 그런 힘이 났는가 놀라울 정도로…….

　곡기를 끊었던 내가 다시 밥을 먹기 시작한 것도 그래서였다. 다시 춤을 출 수 있다는데, 내게 다시 기회가 주어졌다는데 이대로 있을 순 없었다. 기운을 차려야 했다. 아니 하루 빨리 힘을 내서 나를 '재건'해야만 했다.

　갑자기 시간이 급해진 나는 당장에 일을 시작했다. 우선 아버지가 마련해 준 신사동 사무실을 개조해야 했다. 덩그러니 크기만 하던 그곳을 다시 춤을 출 수 있는 공간으로 만들기 위해 나는 어디서 그런 힘이 났는지 펄펄 뛰어다녔다.

그런 나를 돕기 위해 동생들과 친구들이 달려와 칠을 해주고 칸막이를 해 탈의실을 만들어 주는 등 팔을 걷고 도와주었다. 고마워하는 내게 그들은 내가 다시 살아났다는 것만으로도 다행이라며 등을 두드려주었다. 사람들과 함께 온몸에 먼지를 뒤집어 쓰고 페인트를 얼굴에 묻혀 가며 일을 하면서도 힘들지가 않았다. 그리고 기꺼이 내게 도움을 주는 이들. 그런 도움을 받을 수 있을 만큼 내가 헛살지는 않았구나 싶어 다시 한번 감사했다.

소식을 들은 제자들도 다시 모여들었다.

"선생님? 저희 왔어요?"

"오, 그래 너희 왔구나?"

돌아온 제자들. 그 얼굴을 하나하나 만날 때마다 나는 맨발로 뛰어나가 끌어안고 눈물지었다. 뜨거운 눈물을 서로 흘리면서 나는 다시 돌아와 준 제자들이 너무 대견했다. 그리고 고마웠다. 한편으론 내가 그나마 빨리 이들을 다시 불러 모을 수 있게 되어서 얼마나 다행인가 싶었다. 그들 또한 그간 얼마나 상심이 컸겠는가? 불모지나 다름없는 재즈댄스에 뜻을 두고 나를 따랐던 제자들인데……불투명한 앞날에 나 못지 않게 마음앓이를 했을 그들이 안쓰러워 다시 한번 안아주었고, 다시 한번 감사했다.

그렇게 센터를 다시 살린다는 일념으로 모두가 한마음이 되어 분주히 움직인 끝에 우리는 '전미례 브로드웨이 재즈댄스 센터'라는 간판을 만들어 센터에 내걸었다. 나와 단원들이 춤출 수 있고, 또 일반인들을 위한 교습도 할 수 있는 본격적인 재즈댄스 센터로 부활한 것이다.

간판을 내걸던 날 우리는 샴페인을 터뜨리며 센터의 부활을 자축했다. 부모님은 마장동에서 엄청나게 큰 돼지 머리를 사오셨고, 시루떡까지 해오시며 센터의 개관을 축하해 주셨다. 이때 많은 무용가들과 당시 예술의 전당 이사장이셨던 이종덕 선생님, 그리고 윤복희 권사님께서 이제 다시는 쓰러지지 말라며 내 손을 잡아주셨다.

개관을 축하하는 고사상 앞에서 절을 하며 나는 빌고 또 빌었다. 제발 누구든 신이 있다면 이제 더 열심히 살 테니 날 좀 도와달라고……춤만 출 테니 더 이상 고통을 주지 말아달라고.

모여 있던 이들이 하나하나 절을 하고 기원을 하는 동안 우리는 모두 훌쩍훌쩍 울었다. 막걸리를 돌리면서도 울었고, 돼지코가 우습게 생겼다고 얘기하면서도 또 울었다. 세상에 태어나 그렇게 눈물콧물 섞인 이상한 맛의 막걸리는 아마 모두들 처음 먹어 보았을 것이다.

다시는 놓치지 말자는 다짐을 하며 우리는 감격에 겨워 서로 얼싸안고 센터 안을 빙빙 돌았다. 기쁨과 회환, 그간의 아픔들이 복합되어 끊임없이 울고 웃으며……

실의에 빠졌던 나날들

다행히 센터가 재개관하자마자 재즈댄스를 배우려는 수강생들이 연일 찾아왔다. 전미례의 재즈댄스를 요청하는 곳도 줄을 이었다. 내가 센터를 날리고 앓아 누워 있는 동안 재즈댄스는 그렇게 저 혼자서도 커 나가고 있었던 것이다. 어머니는 그런 성황을 보고 '삼신 할미가 돕는 모양이라'며 좋아하셨고, 아버지도 시간이 날 때마다 센터를 들르셔서 돌아가는 것을 지켜보곤 하셨다.

엄마가 정신을 차리고 웃음을 되찾자 아이들도 한동안의 충격에서 벗어나 안정을 찾아가고 있었다. 그런 아이들에게도 감사했다. 엄마가 헤매이는 걸 아무 불평없이 지켜봐 주었기에⋯⋯그런 나를 위해 아이들은 부모님이 맡아 주셨다. 물론 어릴 때부터 부모님의 도움이 없었다면 키우지 못할 아이들이었지만, 당시의 상황에서 부모님이 아이들을 맡아 주시지 않았다면 모든 일들을 해낼 수 없었을지도 모른다.

하루하루가 감사한 마음으로 흘러갔다. 어느 정도 센터가 자리잡히자 나는 그간 변한 재즈댄스의 상황과 의상, 안무 등을 구상하기 위해 해외로 나가기도 하고 공연 준비를 하느라 눈코뜰새없는 나날을 보냈다.

플라멩코 지도를 시작한 것도 이즈음이었다. 그러자니 엄청나게 많은 시간과 노력을 들여야 했지만, 나는 조금도 힘들지 않았다. 먹지 않아도 배불렀고, 잠자지 않아도 피곤하지 않았다. 오히려 잠자는 시간까지 아까울 지경이었다. 그리고 잠은 또 절망에 빠져 있는 동안 실컷 자두지 않았는가? 그렇게라도 해 일에 몰두하지 않으면 남편이 저질렀던 많은 고통에서 벗어날 수 없기도 했다. 돌아오지 않는 남편……그걸 생각하면 암담했고 다시 불안했다. 그 고통을 이기기 위해서라도 나는 춤을 추고 또 추었다.

수제자의 배신으로 위기에 몰리고
— 선생님, 우리 선생님

　　　　　　　어려웠던 일을 겪고 나면 사람이 강해 진다고 한다. 내가 바로 그런 경우였다. 지금은 물론 지나간 일이라서 여유있게 생각하는 건지도 모르지만, 아마 지난날 내게 닥쳤던 고난과 불행이 없었더라면 나는 그저 주위의 보호 속에서 안주하고 있었을지 모른다.
　그러나 한번 엄청난 고통에 빠져 보고 나니 이제 더 이상 무서울 것이 없어졌다. 또 어떤 일이든지 다 해낼 수 있을 것 같았다.
　그래서 나는 가끔 제자들에게 그런 얘기를 한다. 지금 당장 이 센터에 무슨 일이 생긴다 하더라도, 또 단원 모두가 없어져 버린다 해도 좋으니 건성으로 대충 춤을 추려고 하지 말라고. 그럴려면 다 그만두고 나가라고 소리를 지르곤 한다.

차라리 내가 혼자 춤추는 것이라면 아무 문제도 없으련만, 많은 수의 단원들을 이끌고 통제하는 일은 춤추는 것 이상으로 힘든 일이다. 사람이 많다 보니 경비는 물론이고, 이 일 저 일 하나부터 열까지 신경써야 할 일이 많다. 특히 어려운 것이 일껏 가르쳐 놓으니까 딴 길로 도망 가 버린다거나, 아직 익지도 않았는데 우쭐해서 스승도 모르게 얼토당토않은 무대에서 춤을 추고 온다거나, 또 젊은 피들인 만큼 고된 연습을 피해 놀 생각이 더 큰 경우, 결혼이나 사랑 때문에 춤을 떠나려 하는 일 등, 정리하고 통제해야 할 일들이 한둘이 아니었다.

가장 난감한 경우는 공연을 앞두고 주역을 맡은 단원이 펑크를 내는 일이다. 이건 정말 가만히 있다가 뒤통수 맞는 꼴인데, 그 황당함을 어찌 설명할까? 그래서 처음 단원으로 입단할 때 각서를 받아 놓기도 하지만, 그것만으로는 잘 해결이 되지 않는 게 단원들에 대한 통제였다.

그 중 가장 컸던 타격이 믿고 모든 걸 맡겼던 제자가 배신한 일이었다. 어릴 때부터 내 재즈댄스를 배우며 어엿한 주역 무용수로 성장한 Y가 바로 그런 경우였다.

Y는 먼저 재즈댄스를 배운 누나의 뒤를 따라 재즈댄스를 배우기 위해 내게 왔었는데, 재즈댄스에 자신의 모든 것을 걸 만큼 열심이었던 제자였다. 나 역시 그런 Y가 미더웠고,

또 재능도 있었다. 그래서 열심히 지도를 했고, 이에 지지 않고 따라온 덕에 Y는 단원들 중에서도 단연 돋보이는 주역으로 성장했고 직접 현지에 가서 배워 보고 싶다며 유학을 다녀오기도 했다.

물론 당시 Y가 유학을 떠나겠다고 했을 땐 불안했었다. 당연히 현지에서 공부를 하고 돌아온다는 건 나로서 반겨야 할 일이었지만, 다시 무용단으로 돌아오게 될까 솔직히 걱정스러웠기 때문이다. 그러나 제자의 앞날을 위해 나는 떠나는 그를 격려해 주었고, 해외에 나갈 때마다 일부러 Y가 공부하고 있는 영국으로 가서 필요한 걸 공수해 주기도 하는 등 제자 뒷바라지에도 시간을 쪼개곤 했다.

다행히 공부를 끝낸 Y는 다시 돌아와 무용단의 중요한 위치를 담당했다. 그런 Y가 기특해서 나는 그를 부지도자로 임명하고 내심 뒤를 이을 후계자로 생각하고 있었다.

그러나 아직 젊은데 너무 많은 것이 주어졌던 것일까? Y는 차츰 무용단을 좌지우지하며 자기 위주대로 힘을 휘두르기 시작했고, 그런 Y 때문에 무용단을 떠나는 단원들도 생겼다. 또 나 몰래 단원들을 이끌고 내 이름을 팔고 다니며 돈벌이 레슨을 하기도 하는 등, 자꾸 튀고 있었다.

그런 Y의 돌출 행동이 차츰 내 귀에도 들어왔지만 나는 그러다 차츰 나아지려니 했다. 워낙 Y에 대한 신뢰가 강했고 원체 누구를 의심해 본다는 것 자체가 내 체질상 안 맞기도 해서였다.

그러던 어느 날 마침내 올 것이 오고 말았다. Y가 사소한 무용단의 문제를 빌미로 단원들과 크게 충돌을 일으키면서였다. 단원들은 단장 이상의 힘을 과시하려는 Y에게 더 이상 휘둘릴 수 없다고 반기를 들었고, 이를 간과할 수 없게 된 나는 전 단원을 모아 놓고 사태 진화에 나섰다.

그러나 이미 그 사태가 주워담기에는 물 건너 간 일이라는 것을 나는 곧 깨달아야 했다. Y는 아예 무용단을 떠날 작정으로 물의를 일으킨 것이었고, 엉뚱한 핑계를 들어가며 나조차 궁지에 몰았다.

결국 '이게 아니다'란 생각을 하게 된 나. 돌이킬 수 없는 일이라는 판단을 한 나는 한쪽 가슴을 도려내는 듯한 아픔을 참으며 Y에게 탈퇴을 명했고, 기다렸다는 듯이 Y는 한치의 망설임없이 무용단을 떠나갔다.

그런 Y를 바라보기만 해야 했던 내 마음을 Y는 알까? 아직 어려서였을 것이다. 어린 탓에 교만이 얼마나 많은 것을 잃게 하는지 몰라서 일 것이다. 저런 욕심많은 성격으로 앞으로 무용계를 어떻게 살아가려나 도리어 걱정이 앞섰다. 결국 내 후계자로 삼으려 했던 수제자는 그렇게 해서 내 곁을 떠났고, 사실상 그에게 많은 것을 맡기고 있던 나는 당장 센터 운영에 차질을 빚게 되었다.

Y가 부지도자였던 만큼 웬만한 센터의 지도는 대부분 그에게 맡겨 놓고 있었고, 그런 만큼 가장 많은 수강생들을 지도하던 것도 Y였다. Y에게 입시지도를 받던 학생들은 더 우

왕좌왕했다. 그뿐인가? 그에게 맡기려던 공연 안무의 주역 자리는 또 어떻게 할 것인가?

나는 엄청나게 머리가 복잡했다. 떠난 제자에 대한 배신감도 배신감이지만, 그렇지 않아도 할 일이 많은 나에게 다시 센터의 세세한 면을 점검해야 할 책임까지 얹혀졌다.

신사동 센터에 닥쳐 온 첫 위기였다. 단원들 역시 내가 신뢰한 만큼이나 Y에게 의지하고 있던 경우가 많았으므로 당연히 동요하는 분위기였다. 심지어는 서로 얼굴만 마주쳐도 '넌 어떡할 거니?' 하고 서로의 기로를 묻는 살벌한 분위기였다. 실제로 Y를 따라 떠나가는 단원들도 있었고, 수강생들도 있었다. 그러다 보니 센터가 온통 어수선하기만 했다. 모두들 서로의 눈치만 보는 가운데 시간이 흘렀다.

결단이 필요했다. 나는 다시 전 단원을 모아 놓고 떠나고 싶은 사람은 다 가라고 선언했다. 그렇다고 절대 물러설 내가 아니었음으로. 그렇게 결연히 선언하고 돌아서는 내 다리를 부여잡고 단원들이 울음을 터뜨렸다. "선생님! 선생님! 우리가 어딜 가요!" 하며.

결국 한데 엉켜 엉엉 울고 난 우리는 다시 제자리에 돌아올 수 있었다. 위기지만 극복해 낼 수 있다는 서로 간의 강한 믿음을 확인한 채.

그리고 다시 원상태를 극복하기까지. 코에서 단김이 날 정도로 분주하게 Y의 공백을 메우며 뛰었던 나도 물론이지만, 각자의 위치에서 일사불란하게 움직여 준 단원들이 얼마나 고마웠는지 모른다. 동요하던 수강생들도 다시 제자리로 돌아와 주었다.

지금은 오히려 상황이 더 좋아졌다. Y가 해왔을 때와는 분위기가 엄청 달라져 정말 화기애애하게 됐으니 말이다. 그리고 센터의 존재가 어떤 건지 단원들 스스로 그 중요성을 실감할 수 있었으므로 좋은 경험을 한 셈이다. 그래서 마치 그 사건은 평탄하게 돌아가는 센터에 새롭게 한번 긴장을 주기 위해 내려졌던 시험만 같았다.

지금도 그 얘기가 나오면 우리들은 그 난감함을 이겨 낸 서로가 기특해지기까지 하는데, 한 단원이 문득 이렇게 말했다.

"근데 우리 그런 거, 어디서 많이 본 장면 아냐? 주여 어디로 가시나이까? 하던 쿼바디스……그러니까 단장님이 '예수'였단 얘기?"

우리는 모두 자지러지고 말았고, 난 그런 단원들이 이쁘고 고마워서 다 같이 모여서 한번 더 꼭 안아주었다.

제7장
잊을 수 없는 무대 위의 시간들

일본 K-브로드웨이
재즈댄스 컴퍼니 초청 공연
(신주꾸 씨어터 애플 극장, 1989)

서울 전미례 재즈 무용단 창단 공연을 마치고
(문예회관 대극장, 1987)

눈물로 기억하는 창단 공연

1987년. 이 해를 나는 잊지 못한다. 이 땅에서 전미례 재즈 무용단의 첫 창단 공연이 열린 해이기 때문이다. 이미 86년 정식으로 전미례 재즈 무용단 창단식을 가진 후 가진 첫 공연이었다. 당시 롯데호텔 크리스탈 볼룸에서 가진 창단식에서도 문화계 인사는 물론 정, 재계 인사들이 대거 참여해 무용단의 창단을 축하해 주었다.

그로부터 1년 후, 오랜 준비 끝에 마련한 창단 공연. 나를 비롯한 우리 단원들은 정말 열심히 창단 공연을 준비했다. 창단 공연의 내용이 어떠냐에 따라 한국에서 재즈댄스가 제대로 인정을 받느냐 그렇지 않느냐가 정해지기 때문이었다. 또 일본의 재즈댄서 25명을 초청해 한 무대에 세움으로써 더욱 우리 무용단의 창단 의미를 빛나게 하도록 했다.

공연 날짜가 다가오자 나는 잠을 이룰 수 없었다. 그간 내가 쌓아온 모든 것이 이번 창단 공연의 성공 여부에 달려 있으니 말이다. 더구나 이 공연을 위해 들어간 비용이 아파트 한 채 값이었다. 잠이 안 올 수밖에 없었다.

그러나 그간 기울인 노력을 생각하면 공연 성공에 대해서는 자신이 있었다. 또 반드시 좋은 결과를 내리라는 확신도 들었지만 그래도 마음의 초조는 막을 수가 없었다.

나는 한국과 일본을 드나들며 일본 댄서에게 연습시키고, 다시 한국에 와서 우리 단원들을 연습시켜 공동 출연으로 한일 문화교류의 폭을 넓혀 보려 했다. 그게 무려 열다섯 작품이나 됐다.

그러나 문제가 있었다. 동작은 똑같이 하는 연습을 했지만 우리와 일본 댄서 사이에 박자 개념에 차질이 생긴 것이다. 한국에 도착해서 공동 리허설 때 겨우 알게 됐고 십여 일 간 박자 맞추는데 온 신경을 곤두세웠다. 끝없는 리허설을 반복하는 수밖에 없었다. 전체 작품을 양쪽 나라 무용수가 똑같이 소화하기란 무척이나 어려웠다. 난 안무와 연출, 출연 등으로 체중이 줄어 40kg이 겨우 넘을 정도였다. 아버지도 무척이나 신경쓰시며 광고와 티켓 파는 일에 전념을 기울이셨는데, 이때 아버지는 목디스크로 고생하고 계실 때였다. 목에 깁스를 하고 여기저기 딸 공연에 애쓰시는 아버지를 보고 원로 무용가들과 측근의 사람들은 딸의 예술을 위하여 전념분

투하시는 아버지 모습에 절로 감탄이 쏟아졌다. 그런데 잘 알지 못하는 어떤 기자가 목에 깁스까지 하며 딸 공연에 표 팔러 다니는 딱한 아버지라는 표현을 신문에 썼다. 너무나 어처구니 없는 일이었다. 그 일은 나도 그랬지만 아버지 역시 상처가 크셨을 것이다. 그 후 그는 우연히 국립극장에서 나와 아버지를 뵌 후 울먹거리며 정중하게 용서를 구했다. 당시 본인은 무용계나 예술계에 문외한이었으므로 아버지 신분이나 나에 대해 전혀 모르고 그냥 일반적으로 생각해 끄적거렸던 것이 이렇게 평생 죄짓고 사는 기분이 들게 될 줄은 몰랐다고 했다.

크게 격분했던 아버지에게 나와 원로 예술인들이 나서서 젊은 사람이 모르고 한 일이니 용서해 주자고 했다. 그는 지금도 무용계에서 열심히 일을 하며 자주 마주치곤 한다. 항시 마주치면 겸연쩍어하는 모습에 내가 도리어 감싸주게 된다.

마침내 그날이 돌아왔다. 첫날 리허설을 위해 아침부터 공연장인 서울 문예회관에 도착했던 나는 행여 한 가지라도 준비가 소홀할 새라 점검에 점검을 거듭하며 분주히 움직였다. 긴장을 하니까 음식도 넘어가지 않아 아침부터 한 끼도 먹지 않고 공연장을 지켰는데, 시간이 가까워옴에 따라 오히려 마음은 더 편안해졌다.

다행히 공연 당일 이전 이미 모든 표의 예매가 끝난 상태여서 관객 동원에는 아무 문제가 없을 듯했는데, 공연 몇 시간을 앞두고 극장 관계자들이 나와 보라고 해서 매표소 앞으로 나간 나는 그만 깜짝 놀라고 말았다. 이게 웬일인가? 아직 공연이 시작되려면 멀었는데, 공연장 문 앞에 길게 늘어선 줄……모두 내 무용단의 창단 공연을 보기 위해 몰려든 손님들이었다. 게다가 티켓을 못 구한 이들을 노린 암표 장수까지 설치고 다녔다.

결국 사람들이 너무 몰려들자 동대문 경찰서에서 만약의 사고를 위해 호위에 나서 주었고, 공연 시간을 앞두고는 황송스럽게도 이대 교육대학원의 원장님과, 무용가 임성남 선생님이 줄에 서 계시기까지 했다. 또 조카 최민수와 여러 탤런트들의 얼굴도 그 줄에 섞여 있었다.

그걸 본 나는 엄청나게 부담이 오기 시작했다. 과연 저들이 실망하지 않고 돌아가도록 할 수 있을까 걱정스러워서였다. 하지만 이제 주사위는 던져진 상태였다. 나는 자꾸만 후들거리는 가슴을 다잡았다.

'그래, 마음을 비우자. 내가 준비한 만큼 보여주도록 하자. 욕심을 버리자.'

나는 그렇게 내 자신을 타이르며 침착하게 마지막 점검에 나섰다.

마침내 관객들이 입장하기 시작했다. 하지만 미처 입장하지 못한 사람들에 의해 문제가 생겼다. 표를 구하지 못한 관객들이 극장 밖에서 항의 소동을 벌이는 바람에 공연이 막을 올리지 못하고 지연되고 있었다. 공연 시간이 되었는데 표를

구하지 못한 관객들 때문에 도저히 막을 올릴 수가 없었다면 아마 상상이 갈까? 당황한 극장 관계자들은 내가 어떤 대안을 제시해 주기를 요청했고, 나 역시 내 공연을 보러온 사람들을 도저히 그냥 돌려보낼 수가 없었다. 결국 나는 예정에도 없던 추가 공연을 약속할 수밖에 없었다.

원래 공연 시간에 추가 공연이 끼어들게 된 셈이었다. 공연 시간이 배로 늘어났고 덕분에 나와 단원들은 식사할 틈도 없이 무대에 다시 서게 되었다.

드디어 막이 열리는 순간 아찔하여 나는 쓰러질 뻔했다. 흔히 듣기만 했던 일이었다. 관객이 내뿜는 입김이 이렇게 강할 줄이야. 막이 올라감과 동시에 '훅' 하고 얼굴에 뿜어지는 열기. 객석 통로와 무대 바로 앞에까지 앉아 있다 보니 터질 것 같던 관객의 뜨거운 입김에 내 얼굴은 보랏빛으로 변하여 정신을 가다듬을 수가 없었다. 중심을 잡고 호흡을 조절해야만 했다. 나는 공연을 시작하기도 전에 이 입김으로 인해 녹초가 되어 버릴 지경이었다.

그러나 나는 아무도 원망하지 않았다. 나와 단원들은 그 순간 한마음이었다. 이 순간을 얼마나 기다려 왔던가! 그리고 얼마나 노력해 왔던가!

무대 위에서 전력을 다하는 내 머리 속으로 온갖 상념이 파노라마처럼 펼쳐졌다. 이 무대를 만들기 위해 하라주쿠에서 뉴욕으로, 파리에서 런던, 그리고 이탈리아로……그렇게 돌아다니며 준비했던 것이다.

2부는 플라멩코로 막을 열었다. 조광 선생님께서 플라멩코에 특별 출연해 주셨고 선생님의 안무로 다듬어진 나의 플라멩코 솔로와 듀엣이 환상적인 무대를 만들고 있었다.
나는 최선을 다했다. 정말이었다. 그토록 내 자신을 완전히 춤에 몰입시키기는 처음이었다. 시간이 어떻게 지났는지도 몰랐다.
마침내 우뢰와 같은 박수 속에 우리들의 공연은 막을 내렸다. 막 내린 무대 뒤로 아버지가 제일 먼저 뛰어올라 오셨다.
"잘했다! 미례야, 잘했어……."
덥썩 나를 안아주시는 아버지의 눈자위가 붉게 물들어 있었다. 그런 아버지를 보며 내 눈자위도 젖어들었다. 아버지의 칭찬은 그간의 모든 어려움과 고생들을 보상하고도 남음이 있는 것이었다.
그러자 봇물처럼 터지는 울음……그런 나를 보고 단원들이 몰려들었고, 결국 우리는 한데 얼싸안고 바닥에 주저앉아 또 엉엉 울고 말았다. 결국 해냈구나……하는 자부심……그리고 무사히 마쳤다는 후련함에서였다.
다음 날 모든 언론들이 우리의 창단 공연을 대서 특필했다. 재즈댄스가 무엇입니까? 라는 타이틀로 TV, 신문, 여성지 등에서 계속해서 떠들어댔다. 이제 전미례 재즈 무용단은 한국 문화계의 일부분으로 당당히 서게 된 것이다.
그래서 더욱 잊기 어려웠던 창단 공연. 지금까지도 문예회관 대극장에서는 관객동원 랭킹 1위로 그때의 포스터가 행사

때마다 선두로 걸려 있어 미소짓게 만든다. 그때를 떠올리면 나는 언제나 눈앞부터 흐려진다. 그리고 그날의 감격과 열심히 해보리라던 다짐을 잊지 않으려 노력한다. 창단 공연은 그래서 언제나 내가 가졌던 최고의 공연으로 간직돼 있다.

기절하며 일어선 일본 무대

　　　　　　　잊을 수 없는 공연 중에서 또 하나가 바로 일본에서 가졌던 초청 공연이었다. 당시 나는 일본에서 열린 재즈댄스 페스티벌에 한국을 대표하는 재즈 무용가로 초청돼 공연을 준비하고 있었다. 그런데 뜻하지 않는 사고가 생겼다. 공연을 하루 앞두고 다리에 부상을 입은 것이다. 연습을 하다 삐끗했는데 대수롭지 않게 생각하고 그냥 내버려두었더니 퉁퉁 부어 올라 움직일 수도 없는 상태가 되었다.

　그 상태로는 춤은커녕 걸어다닐 수도 없을 지경이었다. 공연을 해야 되는데 큰 일이 난 것이다. 기가 막힌 나는 어떻게 해야 좋을지 몰라 한국의 아버지에게 전화를 걸었다. 자초지정을 들은 아버지는 나보다 더 당황해하셨다. 모처럼 한국의 대표로 뽑혀 오르게 된 일본 무대. 결코 포기할 수 없는 공연이란 걸 아버지도 잘 알고 계셨다. MBC 취재팀까지 동행해 온 공연이었다.

다음 날 아버지가 일본으로 달려오셨다. 공연 시간은 다가오는데 어찌할 바를 모르고 있던 나는 아버지를 보자 너무 반가워서 눈물이 핑 돌았다. 아버지는 이럴 때 아주 용한 곳이 있다며 나를 택시에 태워 한의사에게로 갔다.

내 사정을 들은 한의사는 이렇다 저렇다 말없이 대뜸 나무 부목을 하나 내게 주었다. 얼떨결에 나무 부목을 받아든 나는 이게 뭘 하라는 건지 알 수가 없어서 멀뚱히 쳐다보고 있는데, 그 나무 부목을 입에 물라는 것이었다.

그때까지만 해도 사태 파악을 못한 나는 좀 싱겁다는 생각을 하며 한의사가 시키는 대로 했다. 한의사는 아픈 쪽 다리를 들여다보며 환부가 어디냐고 묻더니 거짓말 안 보태고 젓가락 굵기 만한 침을 그곳에 쑥 꽂아 관통시키는 것이었다.

세상이 노래진다는 게 바로 그런 상태를 말하는 것일까? 순간 나는 혼절하고 말았다. 세상에 태어나서 그런 아픔을 다시 겪을 일이 또 있을까? 말하자면 극약 처방이었던 셈이다. 너무 독하기 때문에 잘못하면 근육이 통째로 썩어 버릴 수도 있는……왜 부목을 입에 물라고 했는지를 알 것 같았다. 그렇지 않았다면 참을 수 없는 아픔 때문에 혀를 깨물고 말았을 테니까.

그 침을 맞고 아버지와 나는 한의사를 대동하고 공연장으로 돌아왔다. 내 상황을 혹시라도 진행하는 쪽에서 알게 될까 봐 아무에게도 내색을 하지 않았던 나는 아픈 다리를 보이지 않으려고 극도로 조심했다. 그렇지 않아도 한국에서 온 무용가라 해서 집중적인 조명을 받고 있는 상태인데, 한국 대표라는 자존심에서도 아프다는 핑계로 공연에 차질을 빚을 수는 없었다. 다행히 통증은 사라져서 아프진 않았지만, 감각이 없어진 다리는 어정어정 허공을 걷는 듯 무감각하기만 했다.

그런 상태로 공연 시간이 다가왔고 분장실에서는 초조한 얼굴로 아버지와 한의사가 대기하고 있었다. 공연 직전 한번 더 침을 맞아야 무사히 공연 동안을 버틸 수 있었기 때문이다. 다시 한번 침을 맞는다는 사실은 정말 죽을 만큼 싫었지만 그렇다고 무대에 오르지 못하는 것보다는 나았다.

퀭한 얼굴에 분장을 하고 막 뒤에 대기하고 있는 내게 아무것도 모르는 다른 출연진들은 어디 아픈 건 아니냐며 말을 붙여왔고, 그럴 때마다 아버지는 내 옆구리를 찌르며 "웃어!" 하고 압력을 주셨다. 아무 일도 없는 듯이 보이라는 신호였다.

그러면 나는 마치 버튼을 누르면 움직이는 자동 인형처럼 씩 웃어 보였다.

아무리 딸이지만 아버지 역시 평생을 공인으로 살아오신 분이었다. 그러니 자신의 마음이야 어떻든 사람들 앞에서는 웃어야 한다는 걸 누구보다 잘 알고 계셨고, 때문에 딸이 약한 모습을 대중 앞에서 보인다는 건 절대로 용납할 수 없는 일이었을 것이다. 특히 일본 사람 앞에서는 더욱더 말이다.

물론 그렇게 할 수밖에 없는 아버지의 마음이야 얼마나 안타까웠겠는가.

마침내 내가 나갈 시간 10분 전이 다가왔다. 한의사가 부목을 줬다. 나는 정말 참담한 심정으로 그것을 입에 물었다. 젓가락 같은 침을 보자 오금이 저리고 정말 죽고만 싶었다. 엄청난 고통이 나를 스치고 지나갔다. 일그러진 얼굴을 애써 고치며 나는 일어섰다. 이 주사는 몇십 분 간만 안 아프게 되는 순간 마취제였다.

그 후 무대 위에서의 시간이 어떻게 흘러갔는지 모르겠다. 그저 넋을 놓아서는 안 된다는 오기로 춤을 추었다. 죽어도 무대를 내려와서 죽으리라는 신념으로……마침내 공연을 끝내자 객석에서 우렁찬 박수가 터져 나왔다. '미례짱! 미례짱!'을 외치며 관객들이 기립박수를 보내며 열렬히 환호하고 있었다.

정신이 들었던 건 그때였던 것 같다. 다행히 공연이 성공적으로 끝났구나 싶자 그때까지 버티고 있던 두 다리에 힘이 쭉 빠지며 허탈감이 밀려 왔다. 이대로 여기 쓰러져 버렸으면 싶었다.

그러나 나를 향해 환호와 갈채를 보내는 사람들에게 감사의 인사를 보내지 않을 수 없었고, 나는 몇 번이나 막 뒤에서 무대 위로 불려 나와 인사를 해야만 했다. 마지막 인사를 보낸 후 탈진해서 분장실로 돌아온 나를 아버지가 자랑스러운 표정으로 안아주셨다. 마치 소나기라도 맞은 듯 의상이 푹

잊을 수 없는 무대 위의 시간들

젖어 있는 걸 발견한 건 그때였다.

 그날 공연 후 리셉션 장에서 난 사람들이 내가 그런 상황이라는 것을 알면서도 짐짓 모른 척하고 있었다는 사실을 알았다. '어쩌나 보자'라는 식으로 나를 지켜보고 있었다는 얘기였다. 그랬으니 만일 내가 공연을 포기했다면 어땠을까? 아마 나는 더 이상 재즈댄스계에 얼굴을 내밀지 못했을지도 모른다. 그 생각을 하니 등에서 식은땀이 주르륵 흘러내렸다.

 물론 아버지와 난 리셉션 장에도 아무 일 없었다는 얼굴로 참여했고, 그래서 사람들은 더욱 놀라워했다. 모두들 내가 그런 독한 면이 있다는데 혀를 내둘렀다. 자기들 같으면 공연을 취소했을 거라며 대단한 정신력의 이 한국인 무용가 '전미례'를 다시 보는 분위기로 이어졌다.

 결국 부상도 내게 제동을 걸지 못했던 셈이다. 물론 막막한 우주 공간에 나 혼자 버려진 듯한 외롭고 피가 말랐던 공연이었지만. 지금도 그때 침을 꽂았던 다리는 워낙 극약 처방을 해서인지 별로 상태가 좋지 않다. 흐리거나 궂은 날이면 당연히 통증도 따른다. 그러나 나는 만족한다. 그렇게 해서라도 무사히 공연을 마친 것이 더 중요하다고 생각하기 때문이다. 하지만 더 이상은 그런 불운은 없었으면 한다. 후에 한국에서 MBC '아침을 달린다' 특집으로 방송할 때 공연실황을 아나운서와 함께 보며 그 상황을 설명하니 더욱 실감이 났었다. 꿈속에서라도 다시 만나기 싫은 끔찍한 고통이었으므로……

'뽕라면'의 기억을 아시나요?

　　　　　　　무대 위에 서는 사람들은 화려하다고 생각하는 이들이 의외로 많은 것 같다. 물론 화려한 조명 위에서 멋진 옷을 입고 신나게 웃어 보이는 우리들에게 세상사의 잡다한 고통이 드리워 보이진 않을 것이다.
　그러나 무대만 내려오면 우리도 보통 사람과 똑같은 일반인이고, 똑같이 밥 먹고 화장실 가고 하는 사람들이다. 오히려 어떤 면에서는 무대를 선택했다는 이유로 보통 사람들이 겪지 않아도 되는 숱한 고통들을 겪어야 하는 것이 바로 우리들이다.
　우크라이나 공연 때의 일이다. 공연을 하다 보면 별별 나라, 장소를 가게 되는데 그러다 보면 분에 넘칠 만큼 호사스럽고 편한 곳도 있지만, 도저히 상상이 안 갈 정도로 황당하게 엉망진창인 곳도 있다. 러시아를 91년도와 92년도에 대학 교수들과 사회교육「학술세미나」로 여행 갔을 때 꽤 대접도 잘 받았던 것 같다. 레닌그라드의 모스크바 호텔은 무척이나 장대한 호텔이었다. 층마다 보초 서는 여자 직원들, 새벽 2, 3시에도 대낮같이 훤한「백야」는 말 그대로 영화에서 본 느낌을 실감나게 했다. 그땐 여름이었다. 나는 사실 소련이 항상 사시사철 추운 줄 알았는데 6월에 한국의 8월 더위의 다섯 배는 되는 것 같았다. 물론 냉방시설은 있었으나 호텔은 물론 관광용 버스도 고장이든지 잘 사용을 하지 않아 곤욕을 치렀지만 러시아의 웅장하고 섬세한 건축물과 박물관 등 러시아 귀족을 느끼게 하는 찬란한 문화와 아름다운 예술은 정말 입이 다물어지질 않는 그런 놀라움이었다.

  좋은 기억을 가지고 내가 95년도에 공연하러 간 우크라이나는 전혀 그런 분위기가 아니었다. 공항에서 내리자 버스에 실려 이동할 때부터 나는 '죽었구나' 하는 생각을 했다. 문화교류차 우크라이나 정부에서 한국 문화의 날을 만들었고 우리는 광복 50주년 기념으로 초청되어 우크라이나 키예프에서 공연을 하게 되었는데 조승미 발레단, 진수인 선생님 팀과 안신희 선생님 등 많은 일행이 선교 활동과 더불어 할 공연이었다. 그러나 그곳은 시대를 거꾸로 올라간 것 같았다.

  한국을 대표하는 무용가와 무용단들이 대거 참석한 공연이기에 망정이지, 내 개인으로 온 공연이었다면 당장 취소하고 돌아가 버리고 싶을 정도였다.

  키예프의 도시는 작고 아담했다. 그렇지만 그렇게 썩 문명의 혜택을 받은 것 같지는 않았다. 차창밖의 풍경을 바라보며 버스가 흔들릴 때 눈을 마주쳐 오는 단원들의 얼굴에도 그런 불안감이 짙게 서려 있었다. 하지만 어쩔 수 없었다. 어떻게든 참아 내고 공연을 끝내고 돌아가는 수밖에.

  달렸다기보다는 출렁거렸다는 표현이 맞을 정도로 한참을 가던 버스는 마침내 무너져 내리기 일보 직전으로 보이는 낡은 건물 앞에 우리를 내려놓고 먼지를 날리며 돌아가 버렸다. 우리가 묶게 될 호텔이라는 설명이었는데, 마치 70년대 무너져 내렸던 와우 아파트도 이보다는 나을 듯 싶었다. 한숨이 나왔지만 어쩌랴. 각자 방을 배당받아 짐을 풀러 들어갔는데, 거짓말 안 보태고 문을 여는 각 방마다 기절할 듯한 비명 소리가 터져 나왔다.

  나 또한 내게 배정된 방문을 열자 너무 기가 막혀 말이 나오질 않았다. 방이라기보다는 창고라고 해야 맞을 것 같았다. 게다가 문을 열자마자 쏴아 하고 옆으로 갈라지는 바퀴벌레의 행렬이라니……또 그놈의 바퀴벌레가 크긴 왜 그리 큰지! 꼭 어른 손바닥만 했다. 거기다 천장에는 온통 거미줄이 휘장처럼 둘러 있는 것이 흡혈귀가 나오는 성에 들어와 있는 것 같았다. 도마뱀이 나왔던 동남아 호텔 경험도 있고, 심지어는 뱀이 다리를 기어가는 바람에 혼비백산했던 숙소의 경험도 가져 웬만한 것에는 강심장인 나도 이번만큼은 장난이 아니다 싶었다.

　내가 이럴 때 단원들은 어떨까 싶어서 단원들의 방으로 가 보니 그야말로 가관이었다. 문 앞에서 못 들어가겠다고 울고 있는 애가 있는가 하면, 방 한구석에 겨우 짐을 내려놓고 서서 나를 보자 망연히 웃어 보이는 애, 좀 터프한 남자애들 같은 경우는 바퀴벌레를 퇴치해 보겠다고 투혼을 발휘하고 있었다.

　그러나 그래도 어쩔 수 없다는 것을 우리 모두는 알고 있었고, 어찌어찌 배정받은 방에서 버티는 수밖에 없었다. 그러다 저녁 식사시간이 되었는데, 거기서 일이 그만 터지고 말았다. 물도 나오지 않는 화장실에서 씻지도 못한 채 식사가 오기를 기다렸는데 아무리 기다려도 오지 않는 거였다.

　나중에 알고 보니 이 나라 주민들은 주식이 빵인데 동양인인 우리가 왔다고 해서 이곳 목사님께서 특별히 쌀을 교민들에게 얻어와 밥을 지었는데 이 쌀은 특이하게도 입김만 물어도 날라가는 소위 '알락미'라서 우리에게 주지도 못하고 걱정하고 있던 터라고 하셨다. 그렇다고 다른 게 먹을 것이 있으면 또 모른다. 밖으로 나가 봐야 벌판 같은 황량한 지역인데 어디 가서 무엇을 먹을 수 있단 말인가? 더구나 돈이 있어도 먹을 것 구하기가 하늘에 별따기인 이곳에서……

　이곳 사정을 미리 조금이라도 알았으면 우리는 준비를 해 갔을 텐데. 어쨌거나 귀한 쌀밥이 몇백 명이 되는 인원수를 다 충당해 주기에는 그곳 정부의 지원이 부족했다.

참 인간이란 묘하다. 아무리 인격적이고 지성미를 갖췄다 해도 배고픔을 못 참는 것은 누구도 똑같은가 보다.

그래도 밥이 조금은 배급되었다. 단원들은 절대적으로 모자라는 그 밥을 그래도 단장이라고 내 몫을 따로 남겨두고는 자신들의 허기를 달래는 것이었다. 참 그때의 심정이라니⋯⋯밥이 아니라 금쪽을 씹고 있는 듯한 기분이었다. 우리가 왜 이런 곳에서 이런 고생을 하나 싶어 참담해졌다.

그 난리를 치른 끝에 잠잘 시간이 되었다. 다들 잠을 자기 위해 또 한번의 전쟁을 치르는 기분으로 각자의 방으로 돌아갔고, 다음 날 아침이 되자 저마다 기막힌 무용담으로 호텔 전체가 떠들썩할 정도로 많은 사연(?)들이 쏟아져 나왔다.

그 중 가장 많은 얘기가 도저히 침대에(침대라고 하기엔 너무나 기막힌 썩은 나무 침상이었다! 게다가 시트는 아마 한 10년은 안 빨았을까?) 누울 수가 없어서 앉은 채로 잠을 청했다거나 샤워기를 틀어 보니 그대로 부스러져 내렸다는 등등이었다. 결국 아무도 씻지 못했고 우리는 그곳의 공연이 끝난 사흘간 분장을 한 채로 잠도 자고 생활도 해야 했다. 공연 때마다 분장을 덧칠할 수밖에 없었고 피부가 상하느니 하는 걱정 같은 건 사치였다. 일단 씻을 수가 없는데 뭘 어쩌겠는가?

화장실의 경우는 그보다 더 심해서 마치 무슨 지붕처럼 변기 위까지 솟아오른 오물 때문에 대부분이 변비 증상을 보이고 있었다. 어쩌다 기막힌 방법으로 성공을 한 경우는 자신이 치렀던 '배변 무용담'을 여자고 남자고 할 것 없이 진지하게 들려주고 있었다.

이후 새롭게 등장했던 '허기 채우기' 전법이 바로 '뽕라면'이었다. '뽕라면'이란 러시아에는 먹을 것이 없다는 것을 이미 들어 알고 있던 단원들이 각자 비상 양식으로 가져온 라면이 기가 막힌 용도로 사용된 것이었다. 물도 부족한 판에 그릇도 없고 해서 몇몇이 궁리해 낸 것이 라면 봉지에 더운 물을 부어 수프까지 함께 넣고 묶힌 채 휘휘 돌려 불길 기다렸다 후루룩 들이마시는 것이었다.

그야말로 획기적인 라면 조리법인 셈이지만, 이 '뽕라면'은 당시 함께 했던 단원들에게도 엄청난 인기를 끌었던 메뉴였고, 특별식이라고 단원들이 내게 바칠 정도였다.

그 '뽕라면'을 받아들고 수시로 목이 메였던 기억까지, 정말 무사히 공연을 치르고 돌아온 것이 신기할 만큼 고생스러웠던 공연길이었다.

그래도 춤이 좋기 때문에 그저 '숙명'이려니 하고 사는 것. 그것이 춤꾼들을 무대에 오르게 하는 '힘'이다.

후에 알았지만 소비에트 연방이 해체된 이후 우크라이나뿐만 아니라 러시아 전체의 경기가 너무 안 좋아졌다는 것이다. 우크라이나 정부의 초청이었는데도 상황이 그 정도였다. 그나마 그곳에서 헌신적으로 봉사하시는 목사님의 도움으로 숙소를 마련할 수 있었다는 말에 불만은 쏙 들어갔고 그저 미안한 마음만 들었다. 감격의 공연이었고 모든 무용단 팀은

극찬을 받았다.

조센징이 재즈댄스를?
분노를 삭이며 기립박수를 받다

　　　　　　　　원산지가 외국이라는 것 때문에 재즈
댄스를 하는 우리들은 국내에서도 그렇지만 바로 그 원산지
인 외국에서는 더욱 편견 어린 시선을 받게 되는 경우가 허
다하다. 사정이 그렇다 보니 웬만큼 잘 하지 않고서는 명함
도 내밀지 못하는 상황이라는 사실이 항상 다른 어떤 것보다
도 우릴 어렵게 하는 것이다. 그렇기 때문에 더 열심히 노력
하고 얻는 갈채 뒤의 희열이 얼마나 큰 것인지를 아는 까닭
에 오늘도 구슬땀을 흘리며 연습에 연습을 거듭할 수밖에 없
다.
　그런 기억으로 남았던 공연 하나. 일본에서 열린 '95
J.D.W.C. 세계 재즈댄스 페스티벌에 우리 무용단이 초청돼 가

진 무대였다. 나고야시 문예예술회관에서 열렸던 '95 세계 재즈댄스 페스티벌은 재즈댄스의 저변 확대와 발전을 목적으로, 90년 미국 시카고에서 첫 페스티벌이 열린 이래 당시 일본 행사가 4번째로 열리는 페스티벌이었다. 때문에 미국, 프랑스, 핀란드, 독일, 스페인, 영국 등 세계 17개국의 프로 재즈 무용단이 초청돼 재즈댄스의 진수를 보여주는 재즈댄스의 한마당 큰 잔치였다.

그런 페스티벌에 국내에서는 처음으로 우리 무용단이 초청돼 나간다는 사실은 우리 모두를 대단히 고무시켰고, 그야말로 하나가 되어 준비를 마치고 일본행 비행기에 올랐다.

우리 일행은 부푼 가슴을 안고 현지에 도착했다.

여기서 참고로 얘기하면 이 행사는 원 주최가 미국 시카고이지만, 열리는 곳은 세계를 돌아가면서 개최한다. 해서 그때 열린 곳이 일본이었는데 일본측에선 호텔 및 숙식 등은 대우가 무척이나 좋았다. 그러나 잔뜩 기대했던 것과는 달리 우리 무용단에게 돌아오는 현지의 반응은 냉담하기 짝이 없었다. 재즈댄스로는 신생국에 불과한 우리에게 눈길을 주는 이는 아무도 없었고, 심지어는 우리를 초청한 주최측인 일본조차 대수롭지 않다는 식으로 우리를 대했다. 심지어는 '조센징'이 무슨 춤을 추냐며 뒤에서 손가락질하는 경우도 있었다.

그러면서도 막상 미국이나 유럽 등 선진국 팀에겐 그들이 원하는 바대로 움직이는 건 물론, 최대한의 친절을 베풀며 배려에 여념이 없는 일본인들을 보면서 우리는 모멸감을 삼켜야 했다. 짐을 싸 돌아가 버릴까 하는 생각을 안한 것도 아니지만, 그럴수록 버텨서 과연 우리가 그렇게 무시해도 좋을 존재인가 하는 것을 깨우쳐 주어야만 했다.

'조센징'에 대한 차별은 리허설 시간 배분에서 분명하게 드러났다. 외국 무용단들의 경우는 현지 리허설을 원하는 만큼 무한정 제공되었던 데 반해 우리는 그 사이사이 자투리 시간을 이용해야 했다. 그것도 이미 정해진 시간만큼만. 단원들은 불공평한 주최측의 처사에 분개했지만, 내가 단원들을 달랬다. 참자. 그리고 보여주면 될 거 아니냐면서. 말은 그렇게 해서 단원들을 달랬지만, 예의바른 정중한 얼굴을 하고서 태연히 횡포를 일삼는 일본인들이 새삼스럽게 징그러워서 정나미가 떨어졌다.

그때부터 우리는 단원 모두가 우리 무용단의 단복을 입고 일사불란하게 행동했다. 그러나 리허설을 위해 우리에게 주어진 시간은 겨우 30분뿐이었다. 기가 막혔지만, 그럴수록 냉정해지자며 서로를 달래면서 주어진 시간 5분 전에 모든 리허설을 끝내 주었다. 끝내면서 일본말로 '오쯔까레 사마데시따!(수고하셨습니다)' 하고 인사까지 정중히 하고 무대에서 내려온 우리들에게 참관하고 있던 다른 나라 무용팀들이 놀라워하며 박수 갈채를 보냈다.

그리고 공연. 마치 독립운동을 하는 투사들처럼 결연한 마음으로 무대에 섰던 우리들은 정말 아쉬움없이 우리들의 호흡을 과시했고, 〈블루를 위한 소나타〉, 〈꼭두각시와 아리랑〉, 〈끝없는 절규〉, 〈춤의 빛깔〉 등 우리 무용단의 대표작들이 이어진 후 공연이 끝나자 우렁찬 박수를 받으며 후련하게 무대를 내려올 수 있었다.

다음 날 아침, 개막 공연이었던 전날 공연에 대한 기사가 각 신문에 실렸는데, 놀랍게도 신생팀이면서 본고장 팀 못지않은 기량을 보였다는 찬사와 함께 전미례 무용단을 나고야 중경신문에 대문짝만하게 칼라사진과 함께 싣고 있었다. 우리는 환호를 올리며 이어지는 나머지 공연도 더 멋있게 해내자는 각오를 다졌다.

재미있는 건, 그 아침부터 우리에 대한 주최측의 태도가 싹 바뀌었다는 사실이다. 우선 다른 팀에 주는 반찬의 반도 주지 않던 식당 아줌마부터 식사를 하러 내려온 우리에게 다정히 인사를 건네더니 닭다리 하나씩을 더 얹은 식사를 내놓았고, 오고 갈 때마다 무시하던 빛이 역력했던 주최측 사람들이 상냥한 표정으로 갑자기 모든 편의를 제공하며 나서는 등 하루 사이에 우리의 신분이 달라져 있었다.

상대의 힘 여부에 따라서 얼굴을 바꾸는 일본인들의 본색을 보는 것 같아 입맛이 썼지만, 그래도 기분은 아주 좋았다. 나도 언젠가는 이 J.D.W.C를 한국에 꼭 개최해 보리라는 다짐을 했다. 그래서 겉으로 웃고 속으로 차가운 일본인들의 코를 납작하게 만드는 훌륭한 공연을 하고 싶다.

밤 새워 합숙하며 준비한 10주년 기념 공연

　　　　　　　　　　오직 재즈댄스에 대한 집념으로 무용단을 이끌다 보니 어느덧 10년의 세월이 훌쩍 흘러가 있었다. 감개무량했다. 그 동안 흘려왔던 땀과 눈물이 얼마던가. 아무도 인정해 주지 않던 것을, 그렇기 때문에 더욱 이뤄 내겠다며 매달려 왔던 나날들. 이제 그 땀의 결실이 10살을 맞는 모습으로 내 앞에 다가온 것이다.
　그런 감격을 전하기 위해 준비한 것이 창단 10주년 기념 공연이었다. 무엇보다 10년이라는 세월 동안 내가 펼쳐온 재즈댄스의 세계를 어느 정도 정리하는 의미, 즉 한 단락을 매듭짓는 의미에서도 기념 공연은 필수 불가결한 것이었고, 또 재즈댄스에 대한 인식과 지원이 절대적으로 부족한 불모지를

10년 동안 가꾸어 온 당사자로서의 의무이기도 했다.

그때가 1996년. 일단 기념 공연 계획을 세우자 제대로 하고 싶었다. 그간 우리 서울 전미례 재즈 무용단이 얼마나 성장했는가를 보여주고 싶었고, 냉대받던 재즈댄스가 얼마나 멋진 무대 예술로 정리되고 있는지를 모두에게 느끼게 하고 싶었다.

그렇게 해서 준비된 창단 10주년 기념 공연. 〈브로드웨이의 꿈〉이라는 타이틀로 기획된 공연은 그간 우리 무용단을 지원해 온 일간스포츠가 공동 주최자로 나서 주었고, 10월 19일부터 22일까지는 서울 문예회관 대극장에서, 그리고 과천 시민회관에서는 26일부터 28일까지 3일간에 걸쳐서 열렸다.

〈브로드웨이의 꿈〉이라고 창단 공연의 타이틀을 붙인 이유는 내 자신 브로드웨이를 오가며 섭렵한 1930년대 재즈 테크닉은 물론 한국적 정서의 재즈 음악에 맞춘 신작까지를 총망라한다는 의미에서였다. 때문에 이 공연을 위해 우리 무용단은 창단 이후 선보였던 20여 개의 작품을 포함해 모두 30여 개의 작품을 구성해 매일 다른 프로그램으로 준비했다.

특히 10년 동안 추구해 온 테크닉의 변화를 모두 풀어 보이는데 중점을 두었기 때문에 각 작품이 모두 7~8분 길이였지만 탄탄한 발레 테크닉과 색깔을 지닌 완성품이라고 자부할 만한 작품들이었다.

또 공연 중간중간 우리나라의 대표적인 정통 재즈 연주팀인 신관웅 재즈 퀸텟이 협연팀으로 출연해서 〈블루 몽크〉, 〈인

포켓터블〉 등 정통 재즈 선율을 들려줌으로써 정통 재즈 음악도 어우러진 환상적인 무대가 되도록 했다.

이외에도 20명의 전 단원들이 남미의 정취를 표현한 〈살사〉, 서울의 소외 계층을 풍자한 〈화이팅 서울〉, 40년대 재즈 테크닉에 바탕을 둔 〈센트럴 파크 블루스〉에 이르는 다양한 작품에서 각자의 개성과 잘 훈련된 재즈 테크닉을 선보이는 무대를 펼쳤다.

특히 강조하고 싶었던 것이 10년 전부터 차곡차곡 해왔던 작업을 한눈에 볼 수 있게 40, 50, 60, 70, 80, 90년대에 이르기까지의 춤의 흐름을 그 시대 유행했던 음악과 함께 표현해 보았다. 그렇게 함으로써 이 시대 유행 흐름을 주도하고 있는 재즈의 세계를 한눈에 보고 들을 수 있게 하기 위해서였다.

이 공연을 위해 우리 무용단 전원은 센터에서 합숙을 하며 맹연습을 했다. 한국에 재즈댄스를 뿌리 내린 선구자라는 자존심이 걸린 공연이라는 사실이 우리 모두를 하나 되게 하고 있었다. 물론 밤을 새워 가며 연습하는 일정이 결코 쉬운 것은 아니었다. 더구나 아직 20대가 대부분인 단원들이었으므로 일체의 사생활을 포기한 채 오로지 춤만을 추며 밤낮을 가리지 않는다는 건, 어떤 면에서 대단히 고통스러운 일이었다.

그럼에도 불구하고 단원들은 군말 없이 내가 이끄는 강행군을 잘 따라와 주었다. 누구보다 내 생각과 의지를 잘 알고 있기 때문이기도 했고, 이제 그들 스스로 한국 재즈댄스의 운명을 짊어진 춤꾼의 한 사람이라는 자각이 그들로 하여금 자신들의 무대라는 점을 깊이 각인하게 만들었지 싶다.

그런 각오로 우리는 센터에서 오손도손 밥을 지어먹으며 연습을 했다. 나는 열심히 쌀과 김치를 집에서 날라왔고, 고기라도 먹는 날이면 엄청난 양의 고기가 소비되기도 했다. 워낙 힘든 춤들을 추기 때문에 무엇보다 잘 먹어야 힘이 나는 우리들인지라, 단원 모두가 다들 식사량이 적지 않았다. 심지어는 꽃등심을 60근이나 먹어 치운 적도 있었다.

또 밤이면 센터 앞에 자동차들이 줄을 이어 서 있곤 했다. 단원들이 센터에서 24시간을 보내자 그들의 얼굴을 보기 위해 모여든 연인이나 남편, 가족들이었는데, 처음에는 웬 차가 그리 많이 센터 앞에 모여 있나 이상하게 생각했었다. 그러다 단원들이 자기 차례가 끝나면 쓱 사라졌다가 다시 나타나곤 하는 것들이 이상해서 이유를 알아보니 바로 그런 연유였다.

그 말을 듣고 센터 창 밖을 보면서 참 많이 미안했다. 대신에 훌륭한 무대로 보답하리라 다짐을 하면서. 그런 우리들의 노력 덕인지 창단 10주년 공연은 성공적으로 끝났고, 연일 매스컴에서 우리의 공연을 소개해 줬다.

마지막 공연을 마치고 관객들이 빠져 나간 무대를 바라보면서 콧잔등이 시큰해졌다. 아, 이제 한 매듭을 지었구나 하는 뿌듯함과 함께……전미례의 재즈댄스 삶은 그렇게 또 한 장을 마무리 짓고 있었다.

제8장
내 인생의 세 남자들

문화관광부 장관상을 받으며 아버지와(1999)

아버지 아버지 우리 아버지

　　　　　　사람은 살아가면서 얼마나 많은 만남을 가질 수 있을까? 또 그 중에서 자신의 인생을 저울질할 만큼 의미있는 만남은 또 얼마나 될까? 특히 그것이 이성(理性)의 경우라면……누가 내게 그런 질문을 한다면 아마 나는 세 명의 남자를 꼽을 수 있을 것이다.

　물론 그 남자들은 좋은 의미일 수도 나쁜 의미일 수도 있지만 어떠한 경우에도 내 인생에 큰 비중을 차지하고 있다는 점만은 틀림없다. 그 중 가장 먼저 꼽을 수 있는 남자. 그는 바로 내 아버지이다.

　이미 눈치들을 챘겠지만 내 인생에서 아버지의 존재를 빼놓고서는 그 무엇도 이야기할 수가 없다. 그만큼 아버지가 내 삶에 큰 영향을 미친 분이란 얘기다. 아니 아버지가 없었다면 지금의 내가 존재할 수 있었을까 상상이 안 될 정도이다.

월북 무용인 최승희의 제자이기도 한 아버지는 우리 농악을 무대 위로 형상화시킨 주인공이기도 한 원로 무용가이다. 또 국악인으로 국악협회 이사장을 맡아 왔으며 지난 해까지 국립창극단 단장을 지내왔었다. 그렇게 한국 문화예술에 이바지해 온 공적이 인정되어 동백문화훈장을 받은 분이기도 하다.

그런 아버지가 자신의 일로도 바쁜 가운데 내 뒷바라지에 나섰던 것은, 지난날 최승희의 제자로서 당신이 이루지 못했던 춤에의 꿈을 딸인 내가 이루어 줄 수 있을 것이라는 믿음 때문이었다. 아버지의 믿음만큼 내가 뛰어난 재능이 있었던 건지는 알 수 없지만, 어떤 경우이건 난 아버지의 노력으로 빚어진 결과라 해야 옳을 것이다.

그런 이유 때문에 나 외에도 3명의 자식이 있었건만 아버지는 마치 자식이 나만 있는 양 내 모든 것을 함께 하며 꿈을 키우셨다. 그렇게 오로지 딸만 쳐다보고 살아가는 통에 엄마를 적잖이 외롭게 할 만큼 아버지의 나에 대한 정성은 대단한 것이었다.

언제부터 아버지가 나와 모든 동고동락을 함께 했던 것일까? 헤아려 볼 수가 없다. 어쨌든 아주 어릴 때부터 아버지의 손에 이끌려 새벽 별을 보며 춤을 배우러 나갔고, 학교를 다니는 내내 등하교는 아버지와 함께였다. 그것도 딸의 손에 못이 박힐 새라 반드시 아버지가 내 가방을 들어다주는 식이었고, 학교에서 학부모를 부르면 내 경우엔 반드시 아버지가 참석했다. 아마 중학교 3학년까지 자식의 소풍에 따라다닌 부모가 있다면 전국을 통털어 아마 우리 아버지가 유일하지 않을까 싶다.

한번은 현충사에 기차를 타고 소풍을 갔다. 물론 당연히 우리 아버지는 유일하게 동행한 학부형이었고, 기차가 붐벼 키가 작은 내가 사람들에 끼여 있으니까 아버지가 나를 짐칸에 올려놓아 버렸다. 차라리 그곳이 편하겠다면서. 그리곤 쉴새없이 먹을 것을 위로 올려 보내시는 것이었다.

"미례야, 과자 먹을래? 계란 먹을래?"

하면서 말이다. 그런 내 모습을 역무원이 지나가다 너무 놀라 쳐다보던 것이 아직도 눈에 선하다. 졸지에 '인간 짐'이 되었던 것이다. 하긴 초등학교 소풍 때는 행진을 하며 가는데 그게 안쓰러우셨던 아버지가 나를 덥썩 둘러업고 행렬을 따라가는 바람에 엄청나게 창피하던 기억도 있다.

그뿐인가? 아버지의 엄청난(?) 활약으로 나는 대학을 졸업할 때까지 변변한 연애 한번 해보지 못하고 지냈다. 언제나 내 뒤에는 아버지가 있었고, 또 어쩌다 아버지를 따돌리는데 성공한다 해도 붙잡히는 건 금방이다. 게다가 대학 다닐 때 내 통금 시간은 8시 반이었다. 그러니 내가 뭘 어쩌겠는가? 그저 숙명이려니 하고 아버지를 따를 수밖에……

한때는 그런 아버지의 간섭이 너무 싫어서 도망가고 싶은 때도 한두 번이 아니었다. 하지만 내가 아버지의 바램대로 춤꾼이 되면서 아버지는 내 든든한 버팀목이자, 친구요 연인이었다. 어머니에게도 못하는 얘기를 아버지라면 언제든지 가능했던 것이 우리 부녀 사이였고, 또 내가 궁지에 몰릴 때마다 수퍼맨처럼 날아와 해결해 주는 것도 바로 우리 아버지였다.

그렇게 나를 키워놓은 후 아버지가 가장 자부심을 갖는 건, 한국 무용계의 2세로서 드물게 아버지의 뒤를 성공적으로 이어가는 자식이 되었다는 점이다. 아버지는 다른 무엇보다 그 사실을 가장 자랑스러워하셨는데, 그럴 만큼 한국 무용계에 2세 무용인의 활약이 드물어서이다. 또 아무래도 예술을 하느라 사회적으로나 경제적으로 어려운 세월을 보낸 무용인들이다 보니 자식을 버젓이 키우기가 쉽지 않았음에도 불구하고 당신의 자식만큼은 부모로서 할 도리(?)를 다했다는 점을 항상 만족스러워하신다.

물론 이제 나도 어느 정도 내 몫을 하고 있고, 또 나름대로의 생각이 정립되다 보니 아버지와의 의사 소통에도 벽이 생기는 경우가 없지 않다. 말하자면 세대차 같은 건데, 그럴 경우 우리 부녀는 둘 다 닮은꼴인 급한 성격으로 해서 '콱' 부딪쳐 버리기 일쑤다. 하지만 그렇게 부딪치고 나서도 곧 털어 버리고 하하 웃는 것도 우리 부녀인데, 그런 우리를 두고 어머니는 '어쩜 부녀가 그리 똑같냐'며 혀를 차곤 했다.

하지만 그렇게 아버지에게 허물없이 대들고 하다가도 돌아서면 언제나 후회가 앞섰다. 이제는 아버지에게 대들 때가 아니라 내가 이해해야 할 때라는 것을 생각하기 때문이다. 더구나 나도 제자를 키우는 만큼 내가 제자를 대할 때를 생각하며 가급적이면 아버지의 입장을 이해하려 애쓴다. 그리고 그런 내 노력이 지금까지 아버지가 내게 쏟은 정성에 비하면 그야말로 아무것도 아니라는 것을 다시 한번 되새긴다.

대개 부모의 엄청난 정성으로 성공한 인물들의 경우, 자신들의 자식에겐 그렇게 못하겠노라고 말하는 것을 종종 본다. 나 역시 내 아버지가 내게 했던 것만큼 내 자식에게 할 수 있을까? 아마 난 그 10분의 1도 못하고 나가 떨어질 것이다.

그렇게 볼 때 내 아버지는 분명 성공한 것이다. 왜냐하면 그러한 아버지의 깊은 사랑과 정성을 언제까지고 내가 감사할 것이니까. 또 그렇기 때문에 내가 아버지의 딸이라는 것을 자랑스러워할 것이고, 그만큼 큰 사랑과 존경을 내 아버지에게 보내는 이 딸이 존재하기 때문이다.

아버지 사랑해요!!

샐리가 해리를 만났을 때?

인생에서 단 한 사람의 친구라도 만들면 그것은 성공한 인생이라고 한다. 그런데 그것이 이성 친구라면 어떨까? 흔히 이성간에 우정이 성립할 수 없다고 한다. 그렇다면 내 경우는?

〈해리가 샐리를 만났을 때〉라는 영화가 있었다. 전 세계에 맥 라이언 돌풍을 일으켰던 바로 그 영화인데, 남자와 여자 사이의 우정과 사랑의 미묘한 관계를 아주 리얼하게 그려 많은 이들로 하여금 무릎을 치게 만들던 영화였다.

그 영화를 보면서 나는 시종일관 웃음을 멈출 수 없었다. 바로 '전미례 판' '해리'와 '샐리'가 거기 있었으므로. 내게도 오랜 기간의 친구이자 아슬아슬한 우정의 경계를 왔다 갔다한 이성 친구가 있다. 영화를 보고 너무나 우리의 얘기 같았던 나는 그 '해리'를 불러 다시 그 영화를 봤을 정도이다.

해리와 나의 인연은 여고 시절로 거슬러 올라간다. 학교 특활 시간에 빙상 수업이 있어 동대문 스케이트장에 갔는데, 거기서 한 남학생이 쫓아왔다. 이미 학교 다닐 때부터 '춤추는 아이', 또는 '잡지에 나오는 아이'로 유명했던지라 남학생들이 뒤따라 오는 것에는 이미 익숙했던 나는 '또 뭐야' 하는 기분으로 나를 뒤따르는 남학생을 뒤돌아보았다.

그렇게 뜨악하면서도 약간은 우쭐한 마음으로 상당히 거만하게 뒤를 돌아본 나는 그만 멈칫 하고 말았다. 거기 선량해 보이는 눈에 178센티미터 정도의 키 큰 남학생이 상큼하게 웃고 있었다. 하얀 이를 드러내고 씨익 웃는 그 남학생의 모습이 어찌나 싱그럽던지……남학생에게서 그렇게 청량한 모습을 본 것은 아마 그때가 처음이 아닌가 싶었다. 그가 바로 나의 '해리'였다.

외모 면에서 일단 내 마음을 움직였던 해리는 이후 나를 '알현'할 수 있는 기회가 주어졌는데, 생각보다는 말도 별로 없고 무덤덤한 성격이었다. 그래서 재미가 없어진 나는 그만 시들해졌는데, 그런 내 마음의 변화를 눈치챘는지 이 친구가 정면 돌파를 해온 것이다.

당시 나는 학교 문학의 밤 행사에 언제나 특별 게스트로 출연하곤 했는데, 그때도 마침 내가 문학의 밤에 출연하고 있었다. 그런데 내 차례가 끝나고 인사를 하려는 찰나 객석에서 꽃을 들고 뛰어나오는 한 남학생이 있었다. 당시로서는 남학생, 여학생의 교제가 엄격히 통제되고 있었기 때문에 공식적으로 눈에 띄는 행동을 한다는 건 상상도 할 수 없는 일이었다. 그런 상황인데 과감하게도 뛰쳐나온 남학생은 훌쩍 무대 위로 뛰어올라 내게 꽃다발을 안기는 것이었다. 바로 그 무덤덤한 해리였다. 난 당황하기도 하고 어이가 없기도 해서 얼떨결에 그 꽃다발을 가슴에 안았다.

그랬으니 어땠겠는가? 객석에 앉아 있던 학생들은 난리가 났다. 당시로선 너무나 쇼킹한 광경이었으므로 비명을 지르고 발을 구르는가 하며 남학생들은 휘휘 휘파람을 불어대는 등 일순간에 행사가 열리던 강당이 흥분의 도가니로 변했다.

그러거나 말거나 해리는 배짱 좋게 꽃다발을 안겨주는 건 물론 나와 악수까지 당당히 하곤 무대를 내려갔다. 그 모습을 보면서 객석은 더 야단이었다.

이 꽃다발 사건은 당시로서는 충분한 스캔들(?)감이었고, 학교 교무실에 끌려가 벌을 받을 만한 일이었다. 그러나 다행히도 그런 면에선 내가 워낙 알려진 스타(?)였고, 그러자니 내놓은(?) 학생이라는 점에서 무사히 넘어갈 수 있었다.

아무튼 그 일이 있고 나서 난 해리를 다시 보게 되었다. 보기완 다르게 배짱이 있구나 싶었고, 못 이기는 척 그가 청하는 데이트를 받아들여 만나주기도 했다. 그러다 대학 입시를 준비하면서 우리는 잠시 시한부 이별에 들어갔다. '대학 들어가서 만나자'라는 약속을 하고 각자의 길로 돌아선 우리는 내 대학 입학이 결정된 후 다시 만났는데, 아쉽게도 해리는 대학 입시에 실패해 재수를 하고 있었다.

물론 해리가 대학에 떨어진 것은 어쩌면 내 탓도 있었을 텐데 나는 실패한 그가 어쩐지 실망스러웠다. 게다가 그가 아르바이트 삼아 DJ로 일하고 있던 종로 2가의 음악다방에서 만났을 때 해리는 머리를 뽀글뽀글하게 파마를 하고 있었다. 그 모습이 어찌나 경악스러웠던지 나는 그만 그 길로 돌아나와 그와의 인연을 끊어 버렸다.

그 후 2년이 흘렀다. 풍문으로 해리가 재수에 성공해 대학에 들어갔다는 소식은 들었지만, 그뿐 나는 그를 잊고 있었다. 그런데 어느 날 웬 사관학도에게서 학교로 편지가 왔다. 덕분에 과에서 난리가 났다. 여학생들에게 사관학도생은 그 정결하게 다려진 제복의 매력만으로도 왠지 특별하게 느껴지던 존재들이었다.

물론 소녀적인 감성이긴 했지만, 과연 미례에게 편지를 보내온 사관학도가 누구인가 친구들이 눈을 반짝이며 둘러보는 가운데 뜯어 본 편지는 바로 해리에게서 온 것이었다. 보고 싶다는 편지와 함께 해리는 자신의 사진도 한 장 보내왔는데, '양아치' 같아 보이던 뽀글 머리를 산뜻하게 밀고 의젓하게 웃고 있는 모습이었다.

'너무 멋지다!'며 친구들은 부러워하며 저마다 돌려보느라 야단이 났고, 오랜만에 그것도 예전의 그 산뜻한 모습으로 돌아온 그를 보니 갑자기 그가 그리워졌다. 그래서 나는 큰 맘을 먹고 그에게로 면회를 갔고, 기다리고 있는 나를 향해 환하게 웃으며 걸어오는 그를 보고 순간 가슴이 다 설레었다.

그렇게 다시 만남을 시작한 우리는 한 1년 간을 만났다. 그런데 그는 참 좋은 친구이긴 했으나 어쩐지 나를 확 휘어잡는 맛이 없었다. 언제나 정중하고 성실했지만, 늘 저편 건너에 있는 것 같은 거리감을 느끼게 하는 스타일이었다. 하지만 나는 그때 한창 피어나던 청춘이었다. 만나서 점잖게 인생을 논하고 차 마시고 걷고 하는 친구보다는 근사한 연애에 더 마음이 끌리던 나이였다. 때문에 이성으로서의 그 어떤 행동도 안 하는 그의 뜨뜻미지근한 태도에 조금씩 지루해지고 있었다.

그러던 어느 날 휴가를 나온 해리는 나를 데리고 송도 바닷가로 갔다. 남자 친구와 바닷가라니……나는 '드디어……' 하는 기분이 되어 막 가슴이 뛰고 있었다. 이제 내게도 드라마틱한 그 분위기가 오는가 싶었기 때문이다.

바닷가를 거닐다 밤이 되었다. 해리와 나는 나란히 앉아 밀려오는 파도 소리를 듣고 있었다. 나는 춥다며 해리가 걸쳐준 코트까지 입고 얌전을 빼고 있었다. 그런데 이제나 저제나 하고 기다리던 '운명의 시간'은 오지 않았다. 하긴 그 당시 갓 스물을 넘긴 내가 바란 운명의 시간이 뭐 별거였겠는가? 그저 '가슴 떨리는 사랑 고백'이라든지 '날카로운 첫 키스'의 추억 정도일 텐데 해리는 도무지 아무런 내색도 하지 않는 거였다.

그렇게 말없이 어두워진 밤바다만 바라보고 있던 해리는 일순 팔을 들어 내 어깨에 올려 두르며 힘을 한 번 주더니 "가자!"하고 일어나는 것이었다. 기가 막힌 나! 일순간에 달콤한 환상이 우르르 깨지면서 발길로 한 대 걷어차 주고 싶을 정도로 그가 미웠다. 결국 아무런 드라마틱한 일도 없었던 우리는 서울로 돌아오자 내가 다시 두 번째의 결별을 선언하면서 또 한번 엇갈린 인연이 되고 말았다.

물론 당시 내가 받은 마음의 상처도 작은 건 아니었다. 해리는 그 누구보다 나와 잘 맞았고, 하나부터 열까지 나를 아는 만큼 배려도 극진했던 존재였다. 그러나 나를 보살펴주는 거라면 아버지만으로도 충분한 나였다. 나는 사랑을 하고 싶었던 거였고, 우리 둘 다 그런 사랑을 하고 있다고 믿었다. 그건 아마 해리도 나와 다르지 않았을 텐데 그는 왜 내게 확실한 태도를 보이지 못했던 것일까? 나는 그게 내내 아쉬웠다.

그 후 그렇게 잊혀진 인연인 줄 알았던 우리는 정말 우연히, 아니 기적적이라고 해야 옳다. 10년도 더 지나서 어느 회식 자리에서 마주치게 되었다. 이제는 그 청량한 웃음이 선한 여유의 미소가 된 맘 좋은 아저씨가 되어서. 너무나 반가웠던 우리는 우리들의 흔치 않은 인연에 대해 놀라워하며 당장 마주앉아 이야기 꽃을 피웠다. 그는 한 돌을 넘긴 애기가 있는 초보 아빠였고, 나 또한 아이가 있는 엄마가 되어 있었다.

 이미 많은 시간이 흘러 이제 좋은 기억으로만 남아 있던 우리는 각자의 지나온 시간들을 편안하게 얘기하면서 즐거웠는데, 나는 진작에 묻고 싶었던 그때 송도 바닷가에서 왜 그냥 왔던 거냐고 물었다. 그랬더니 해리가 하는 말이 '너무 네가 귀하고 아까워서' 그랬다는 것이다.

 하마터면 다시 한번 발로 걷어차 주고 싶을 정도로 어이없는 대답이었다. 기가 막힌 내가 "으이그! 그러니 나한테 차였지!"해서 우리 둘은 그만 배를 잡고 웃어 버렸지만 참 반가운 만남이었다. 그러면서도 한쪽으로는 왠지 그의 아내가 어떤 사람인지 궁금해지는, 나보다 이쁠까? 하는 부질없는 생각도 했던 것 같다.

 그 후 우리는 부담없이 인생의 친구로 연락을 하며 지냈다. 아니 어떤 면에서는 나를 가장 잘 아는 친구로 은연중에 내가 더 많이 기댄 상황이었는지도 모른다. 아마 말은 하지 않아도 해리도 그런 걸 알고 있었을 거고, 그런 내 모습이 안스러웠는지 내가 어려움을 겪으며 인생의 풍랑을 넘을 때마다 흔들리는 나를 붙잡아 주고 격려해 주는 존재로 나를 지켜 주었다.

 그러면서도 자신의 가정에도 충실했고, 나와는 항상 어떤 선을 지켰던 해리……결혼에 실패하고 혼자가 된 나는 그런 해리에게 심술이 나서 곧잘 트집을 잡으며 '너 나 아직도 좋아하지?' 하며 말도 안 되는 승부수를 띄워 보기도 했다. 그러

면 해리는 그 사람 좋은 얼굴로 껄껄 웃으며
"그래 너 좋다. 근데 어쩌니? 난 사랑하는 아내와 자식이 있으니……그러게 있을 때 잘 하랬지?"
하며 위기를 넘기곤 했다. 언젠가는 정말 힘들고 외로워서 엉엉 울고 있는 내 손을 잡아주며,
"우리 다시 태어나면 그때는 정말 헤어지지 말자. 그럼 내가 잘해 줄게."
하고 진지하게 위로를 해주기도 했다. 그때 나는 비로소 깨달았다. 그 말을 하고 돌아서 가는 해리의 어깨가 얼마나 쓸쓸했던가를…….

그걸 깨달으면서 그 후 나는 다시는 해리 앞에서 투정을 부리지 않았다. 아마 그도 쉽진 않았으리라. 젊은 날 어렸기 때문에 어긋났던 인연을 다시 바라보는 일이.

더구나 그 인연이 편치 않은 삶을 살아가고 있는 데야…… 그러나 해리는 역시 괜찮은 남자였기 때문에 자신이 서야 할 위치를 정확히 알았고, 덕분에 나는 하마터면 잃을 뻔했던 정말 좋은 평생 친구를 얻었던 셈이다.

지금은 해리의 아내와도 친하게 지내는 사이고, 재미있는 것은 해리의 아내도 무용하는 여자라는 사실이다. 한국 무용이 전공이었는데, 참 묘한 연관 관계라는 생각을 하게 했다. 결국 춤추는 여자를 고를 수밖에 없었던 해리의 유별남(?)이 다소 미심쩍은 부분도 있지만, 나는 짐짓 모르는 척 넘기고 있고, 이들 부부는 내 공연 때 함께 관람을 하러 오기도 한

다. 만나면 언제나 유쾌해지는 친구로.

　함께 한 잔이라도 할 일이 있으면 거품 엎힌 맥주잔을 부딪히며 해리가 이렇게 건배한다.

　"자, 전미례와 그의 해리를 위하여!"

　그럼 내가 눈총을 주며 이렇게 답한다.

　"아니지. '전미례 샐리'와 해리의 영원한 주종 관계를 위하여!"

　그럼, 우리는 왁자지껄 다시 치열한 토론에 들어간다. 누가 주(主)이고 종(從)인지를 가리기 위해서……..

내 모든 걸 앗아간 그 남자,
지울 수 없는 악연으로(Ⅰ)
─ 두려움 속에 치뤄진 결혼

          성공한 재즈 무용가라 해서 평소 인터뷰할 일이 많다. 그런데 난 그런 시간을 별로 좋아하지 않는다. 인터뷰를 하다 보면 가장 난감한 것이 '결혼 하셨나요?', '남편은 어떤 분이세요?' 하는 질문들에 대답을 해야 하기 때문이다.
  사실 난 내 일에 관한 것만 물어주기를 바란다. 내 개인 생활에 대한 건 별로 드러내 놓고 얘길 하고 싶지 않기 때문인데, 하긴 예전엔 있는 그대로 다 대답하고 소개도 하고 잡지에 그의 얼굴 사진이 실려 나가기도 했을 만큼 매스컴에서 다 알려져 있었다. 그러나 세월이 많이 흘러가고 인사 이동들이 있고 나니 시대가 바뀜에 새롭게 인터뷰를 하기 시작했다. 그러니 인터뷰를 하는 쪽이야 어찌 그렇겠는가? 당연히 취재 대상의 일과 생활 모든 걸 알고 싶겠지…….

그래서 요리조리 피하고 도망다니다 보니 이제는 더 난감하게 내가 설명되고 있었다. 아직 결혼 안한 노처녀라든지, 아직 30대 초반이라든지, 심지어는 사생활만큼은 '베일에 싸인 여자'라는 말을 듣기도 했다. 그 바람에 그 어떤 매스컴도 내 나이를 정확하게 기재한 경우가 없었고, 사회에서 알기 시작했지만 정작 친한 사람들끼리도 '근데 그 사람 정말 몇 살이야?' 하고 서로 물을 정도였다. 그러다 보니 이젠 어디서부터 손을 대야 될지 몰라 어정쩡하게 되고 말았다.

물론 내가 확실하게 해놓지 못한 탓도 있다. 하지만 난 그냥 하고 싶지 않은 얘기를 하지 않았을 뿐이다. 돌이키고 싶지 않은 자신만의 아픔을 그것도 세상에 내놓고 '보시오!' 하기가 어떻게 쉽겠는가?

아마도 내가 나에 대해 입을 다물기 시작한 건, 실패로 끝난 내 결혼 생활부터였을 것이다. 어릴 때부터 부모님의 극진한 사랑 속에 아쉬운 것 없이 자랐고, 춤밖에 모르는 생활을 하던 내가 처음으로 맞닥뜨렸던 처참한 좌절……그것도 내 의지가 아닌 것임에야. 나로서는 정말 극복하기 어려운 고통이었다. 그래서 기억하기조차 싫었다. 그러나 이제는 나도 불혹의 중반에 접어 들었고, 함께 껴안고 울던 아이들은 어느덧 엄마의 아픔을 이해하는 어른이 되었다. 그래서 이제는 말할 수 있을 것 같다.

사실 난 결혼 생각은 없었다. 오로지 춤을 추고 싶은 것이 먼저였고, 또 그러자면 결혼은 내게 짐이 될 뿐이라는 생각이었다. 그건 아버지 역시 나와 같은 생각이어서 내게 '결혼하라'는 말 같은 건 하지 않았다.

그러나 어머니는 그렇지 않았던 모양이었다. 여자의 행복은 '좋은 남자 만나 그 그늘에서 아들 딸 낳고 오손도손하게 사는 것'이라는 지론을 갖고 있던 어머니는 자신의 딸이 결혼의 재미도 모르고 혼자 늙어갈까봐 걱정스러워했다. 하긴 평생을 '잉꼬 부부'로 살아온 당신의 생에 비추어 볼 때 당연한 지론이기도 했다.

더구나 어머니의 마음을 급하게 한 건 내가 장녀였으므로 더했다. 잘못해서 때를 놓치면 정말 시집을 못 보낼지도 모른다는 불안감, 그건 나를 위해서나 또 남아 있는 나머지 자식들을 위해서나 결코 좋은 일이 아니라고 생각하셨던 듯하다.

더구나 나에 관한 거라면 무조건 열심히 나서는 아버지가 결혼에 관해서 만은 신통치 않은 반응을 보이자 결국 어머니는 막중한 사명감(?) 속에서 나의 결혼을 위해 동분서주하셨다.

그렇다고 이렇다 하게 사귀는 남자가 있을 만큼 주변머리도 없는 딸이기에 어머니는 이곳저곳 아는 이들의 도움으로 내게 선을 보게 했다. 그런 어머니의 활약으로 선을 보기 시작한 나는 그러나 별 현실감이 없었다. 그저 꼭 결혼을 해야 한다니까 해야 하나 보다 하고 생각했고, 그렇담 알아서 어머니가 골라 주겠지 하며 어머니에게 맡겨 버렸었다.

그러다가 만난 남자. 사업을 한다는 남자였다. 나보다 일곱 살이 많아서일까? 첫 인상이 좀 나이 들어 보이긴 했지만, 큰 체격에 사람 좋아 보이는 웃음을 띠고 있는 그를 어머니는 대단히 만족해하셨다. 더구나 얼마나 유창한 말솜씨를 갖고 있던지 상대방의 혼을 쏙 빼놓는 남자였다. 말만 들으면 곧 세상의 모든 것도 줄 수 있는 사람이었다. 게다가 매너 좋고, 남자다워 보이기까지 해 처음에는 나이차가 좀 많다는 이유로 마땅찮아하셨던 아버지까지 믿음직해하셨다.

나는 그냥 그랬다. 다만 편안은 하겠구나 하는 생각만 들었지, '결혼'이라는 걸 생각할 때마다 그려왔던 것처럼, 꿈 속의 왕자님 같은 스타일이 아니어서였다. 하지만 부모님이 아주 좋다고 등을 떠미니까 차츰 내 눈에도 그 사람이 괜찮아 보이기 시작했다.

특히 내가 '괜찮다'고 판단한 이유는 그가 마치 아버지나 큰오빠 같아 보이는 구석이 있었기 때문이었다. 나를 마치 공주 대하듯 떠받들어 주었고 또 내 춤을 이해하려 노력했다. 사실 배우자가 이해하지 못하는 예술을 하려면 얼마나 힘들겠는가? 그런 면에서 그는 일단 춤추는 여자를 이해한다는 큰 장점이 있었다. 더구나 얼마나 세심한지 내 공연마다 반드시 찾아오는 건 물론, 주변 사람들이 시샘을 할 만큼 화사한 꽃바구니를 보내오곤 했다. 또 틈틈이 센터에 들러 먹을 것도 들여보내 주는 등 열심히 나를 보살폈다.

공연할 때는 뒤에서 한 가지라도 불편한 게 없도록 도와주기도 하는 그를 보면서 나는 차츰 의지하기 시작했고, 그 남자라면 춤도 추고 결혼 생활도 잘 해낼 수 있을 듯했다.

그렇게 결혼 결심을 하고, 막상 결혼 날짜가 다가오자 좀 걱정스러워졌다. 딱히 뭐라고 할 수 없지만, 그냥 내가 과연 잘 살 수 있을까, 잘 하는 짓일까? 하는 의심이 들어서였던 것 같다. 어쩌면 단 한번도 내게 반기를 들지 않아 싸움도 안 해본 그와의 결합이 어쩐지 미진하다는 느낌, 그런 감정들이 뒤엉켜서 우울하기만 했다.

당연히 시무룩하고 있는 나를 보며 부모님은 '어른이 되려고 그러는 것'이라며 등을 두드려 주셨고, 결혼할 그 남자는 '자신을 믿으라'며 예의 그 믿음직한 미소를 지어 보였다.

그래서일까? 결혼식 날, 아버지 손에 이끌려 식장으로 들어가며 나는 오늘의 주인공인 신부라는 것도 잊고 엉엉 울었다. 마치 떼를 쓰는 어린애처럼 말이다. 보다 못한 아버지가 "이 간나, 그만 뚝 그치지 못해?" 하며 다그칠 만큼……하기야 나도 울어서는 안 된다는 걸 모르지 않았다. 그러나 그럴수록 더 눈물이 나왔다.

그렇게 울면서 치른 결혼식……이제 남편이 된 그 사람은 변함없이 다정한 얼굴이었지만, 순간순간 나는 모든 걸 아니라고 소리지르며 덮어버리고 싶은 충동이 들었다. 남편이 다정한 미소를 지으면 지을수록 그 충동은 더해만 가서 나는 억지로 숨을 들이키며 참아야 했다. 그러면서 자꾸 울었다.
 왜 그랬을까? 무서웠던 것일까? 앞으로 다가올 알 수 없는 시간들이 어쩐지 두려웠던 것일까? 아니면 이미 내 앞으로 다가오고 있는 위험을 감지했던 것일까? 아마 본능이 가르쳐 준 게 아닐까?
 어쩌면 이 결혼이 내 생의 덫이 돼 버릴지도 모른다, 그래서 목숨 같던 춤도 버리게 될지 모른다는 예감이 들었는지도 모른다. 그래서 예뻐야 할 신부는 자꾸 울었던 것이다. 그런 나를 아버지가 걱정스럽게 보고 계셨다.
 '아버지! 나 이 결혼 안 하면 안돼?'
 차마 드러내 말은 못하고 속으로 이렇게 외치면서 나는 그 남자에게로 시집을 갔다.

내 모든 걸 앗아간 그 남자,
지울 수 없는 악연으로(Ⅱ)
— 파탄으로 이어진 비극

　　　　　　　　　한동안은 잘 살았다. 그는 신혼치고는 꽤 좋은 집에서 가정부까지 붙여 주고 나를 살게 했으니까……경제적으로도 풍족한 나날이 이어졌고, 한동안 극진히 잘 해주는 남편 때문에 나는 결혼을 잘했다는 만족감에 살았다.

　친구들이 그런 나를 엄청나게 부러워했고, 나는 연년생을 낳고 두 아이의 엄마가 되어 그런데로 재미있게 살았다. 다만 문제가 되는 게 있다면 남편이 너무나 술을 좋아하고, 허우대만 멀쩡하지 이렇다 하게 내세울 만한 직업없이 뜬구름 같은 사업을 한다는 사실이었다. 그는 사업을 크게 벌렸다. 구변과 화술이 능통하고 머리 회전이 빠른 사람이었기에 회사를 몇 개씩 운영하였으나 나는 왠지 항상 아슬아슬해 보였다.

그런 가운데 나는 내 무용단을 창단했고 창단 공연까지 무사히 마치며 재즈 무용가로 자리를 굳혀 가고 있었다. 그때만 해도 난 그렇게만 내 인생이 진행될 줄 알았다. 설마 누가 알았겠는가? 엄청난 폭풍이 내 앞에 몰려들고 있는 줄을…….

해외 연수를 마치고 귀국하던 어느 날, 공항으로 나온 남편은 나를 차에 태워 집이 아닌 호텔에 데려다 놓았다. 왜 호텔로 왔냐니까 집을 팔아서 이사를 하려고 집을 마련하고 있는 중이라 불편해서란다. 그럼 애들은? 하니까 시댁에 데려다 놨으니까 걱정 말고 여기서 일을 보라는 것이었다. 한 일주일이면 된다고, 그것도 나 혼자 지내란다. 뭔가 좀 석연치 않았지만 귀국하자마자 해야 할 일들이 밀렸던 나는 바쁘기도 하고 해서 그냥 그렇게 호텔에서 출퇴근을 했다.

그러기를 8개월을 했다. 처음에는 난데없는 호텔 생활이 불안했다. 왜냐하면 얼굴은 이미 매스컴에서 알려진 상태에다 혼자 호텔에 투숙한 여자는 자살을 잘 한다고 새벽 2~3시면 후론트에서 꼭 체크를 했기 때문이었다. 그러나 얼마 후 조금은 안심하는 것 같았다. 왜냐하면 대학교 학생들 리포트가 산더미처럼 책상 위에 쌓여 있는가 하면 학점 계산을 하고 있는 성적표, 출석부 등을 보고 나서였다. 그러나 그도 잠깐이었고, 일주일이라던 호텔 생활이 8개월이 되기까지 남편은 그저 기다리란 말만 했고, 더 황당한 건 호텔비를 계산하질 않아 내 신용카드로 계속 그어대고 있는 상황이었다. 그러다 더 참을 수 없어진 내가 호텔을 나가겠다며 그를 붙들고 따져 묻자 사실은 집을 좀 줄여 가야겠다면서 좀더 기다리라는 말만을 또 하는 것이었다.

그렇게 해서 집을 이사가게 되었고, 이사짐 보따리가 실려 나갈 때 그는 아직 이사갈 새 집이 덜 지어져서 어느 창고에 맡기겠다고 했다. 당시 워낙 큰집에 있었고 이삿짐은 제자들과 동생들이 정리해 주었으나 워낙 많은 양이었다. 나는 속절없이 또 그 말을 따라야 했는데, 어쩐지 내 짐들, 내 방에 있었던 물건, 춤을 추는데 꼭 필요한 타이즈와 슈즈, 오디오, 비디오들만은 보내고 싶지 않았다. 그래서 내 짐은 선배 언니 집으로 보내고, 나는 다시 호텔 생활을 시작했다. 물론 이번에는 좀더 가격이 싼 호텔로 거의 도망가다시피 옮겼다.

친정에서는 이런 내 생활을 전혀 몰랐다. 나는 남편이 빨리 딛고 일어서기만을 기다렸다. 나는 입을 다물었다. 내가 처한 상황을 얘기함으로써 부모님께 걱정을 끼쳐 드리기 싫었고, 또 남편을 믿고 싶었기 때문이다. 아니 믿고 싶었다는 것이 더 솔직한 심정이었다. 그래야 불안하기만 하던 그때의 내 상황을 이겨 나갈 수 있을 것이므로······.

그런 상태에서 남편은 수시로 내게 손을 내밀었다. 사업에 들어가야 할 돈이라며 나중에 배로 갚아 주겠다면서. 생활비 한 푼 주지 않으면서 아이들 교육비에 호텔비까지 책임져야 했던 나는 너무 힘들었지만, 그래도 조금만 참으면 나아지려니 하는 희망으로 그가 긴급히 SOS를 쳐댈 때마다 있는 대로 돈을 긁어모아 달려 나갔다. 그렇게 숨을 헐떡이며 달려가 보면 호사스런 일식집이나 룸싸롱 같은 데서 많은 사람들과 여자까지 끼고 신나게 술을 마시고 있는 남편을 보곤 했다.

일하다 말고 달려온 내게 남편은 게슴츠레한 얼굴로 '이 여자가 유명한 무용간데 내 아내'라며 자랑스럽게 소개를 했고, 나는 엉뚱하게 얼굴을 팔면서 그들이 권하는 잔을 어쩔 수 없이 받아 마시곤 했다. 그런 중간중간에 눈치껏 남편에게 돈을 건네는 것도 빼놓을 수 없는 일과였다. 심지어는 도저히 건네 줄 겨를이 없어 식탁 밑으로 발을 뻗어 발가락 사이에 수표를 접어 끼워 건네 준 적도 있었다.

그런 내가 폭발을 한 것은 어느 날 역시 급히 돈을 만들어 갔고 나오라는 남편의 전화에 허겁지겁 불려 나간 자리에서였다. 사업 파트너라고 남편이 소개하는 사람은 기름끼가 덕지덕지 낀 비위 좋아 보이는 중년 남자였다. 어쩐지 마음에는 들지 않았지만 남편의 사업 파트너라니까 공손히 인사를 하고 남편의 장단에 맞추는 수밖에 없었다. 그러다 남편이 잠깐 나를 불러내더니 요구하던 돈을 받고 누굴 또 만나고 오겠다는 거였다. 파트너를 그때까지 좀 대접해 달라는 부탁과 함께.

나는 어이가 없고 싫었다. 더구나 그곳은 음식점의 홀이 아니라 방이었다. 모르는 남자와 한 방에서 술을 마시고 시간을 보내야 한다니 그게 어찌 편하겠는가? 그러나 남편은 내 등을 두드리며 부탁한다는 말을 하곤 후딱 달려나갔고, 그런 대책없는 남편을 둔 죄로 싫지만 할 수 없이 방으로 돌아와 그 파트너와 얘기 상대가 되어야 했다.

그런데 금세 오마고 하던 남편이 아무리 기다려도 오지 않는 거였다. 나는 하다 온 일도 있고 해서 애가 타는데, 글쎄 그 파트너라는 작자가 점점 묘한 눈빛으로 나를 바라보더니 순식간에 나를 덮치는 것이었다.

순간 너무 놀란 나는 황급히 그를 밀어내며 왜 이러냐고 소리를 쳤다. 너무 술이 많이 취한 모양이니 집으로 가라는 말과 함께. 그러면서 내가 일어서는 데 그가 이번엔 내 다리를 붙들고 늘어졌다.

뱀이 엉키는 기분이 그럴까? 난 정말 끔찍한 기분이 되어 있는 힘을 다해 발을 빼내며 남편이 이 사실을 알면 어쩌려고 그러냐고 화를 내었다. 그러자 그 남자가 어깨를 으쓱하며 하던 말. 그것을 나는 영원히 잊을 수 없을 것이다.

"당신 남편이 그러라고 자리 피해 준 거 아냐?"

어떻게 그 자리를 박차고 뛰어나왔는지 모른다. 그 전까지만 해도 그래도 남편의 사업 파트너인데 싶어 최대한의 인내를 발휘하던 나는 그만 기절할 듯한 심정이 되어 거리로 뛰쳐나왔다. 치욕감에 눈물을 철철 흘리며.

그러니까 남편은 나를 파트너에게 제공한 것이다. 바로 자신의 아내를……어떻게 그럴 수가 있을까? 그 일이 있은 후 남편은 사라지고 말았다. 그리고 날아든 불행들……집은 애저녁에 날아간 뒤였고, 센터와 하다못해 살림살이까지……그나마 그것뿐이면 다행이었을 것이다.

그 후 정신을 차릴 수 없을 정도로 밀려들던 빚 독촉들. 더구나 모든 것이 내 앞으로 되어 있었고 그 바람에 나는 나도 모르는 새 모든 신용이 정지돼 있었다. 물건을 사고 무심코 카드를 내밀었다가 알게 된 사실이었다. 나는 그만 쓰러지고 말았다.

뒤늦게 이 사실을 알게 된 내 부모님은 너무나 기가 막혀 털썩 주저앉아 버리셨다. 특히 내 결혼을 주선했던 어머니는 자신이 딸의 불행에 일조했다는 자책감으로 대성통곡을 하셨다. 하지만 그게 어디 내 어머니의 탓이겠는가? 정직하기 못하게 뜬구름만 잡으며 아내를 이용했던 남편의 잘못이지. 결국 부모님께선 당신의 딸을 살리기 위해 집을 팔아 날아가 버린 센터를 마련해 주셨다.

그렇게 해서 다시 일어난 나. 나는 일을 저지른 당사자인 남편을 찾기 위해 백방으로 애를 썼다. 일단 그가 있어야 뭐가 어떻게 된 건지 대책을 세울 수 있었기 때문이다. 그러다 악에 바친 내가 안 나타나면 이혼을 하겠다고 선언했더니 그제서야 남편이 내 앞에 나타났다. 그렇다고 그가 실패한 사업가로서 초췌한 면모로 나타났을까? 물론 당연히 '아니다'였다.

다시 나타난 남편은 여전히 풍채 좋고 인물 좋은 사업가였다. 기름기가 잔뜩 밴 얼굴을 하고 넉살좋게 나타난 남편을 보면서 순간 멱살이라도 잡고 싶었다. 다른 건 다 그만두고라도 내 센터에 손을 대다니 하며 따지고 싶었다.

온갖 회한이 밀려왔지만, 천성적으로 말로 사람을 구슬리는데 천부적인 소질을 타고 난 남편은 또다시 나를 온갖 달콤한 말로 자신이 언제 그런 일을 했냐며, 설령 했다 해도 절대 본의 아니게 하게 됐다고 달랬고, 그 번지르르한 말에 의지할 곳 없던 나는 다시 넘어가고 말았다.

그렇게 해서 또다시 겪어야 했던 기막힌 나날들. 기억하기도 싫다. 나는 여전히 남편의 영원한 돈줄이었고, 그의 신용카드였다. 그뿐이면 좋을까? 숱하게 그가 뿌리고 다니던 빚 관계 사람들, 그 중엔 여자들도 꽤 많았던 것으로 기억된다. 다행히 센터는 부모님께서 또다시 남편이 말아먹을까봐 법인체로 해놓았고, 남동생에게 줄 집을 팔아 마련한 보증금과 내부장식, 인테리어, 오디오 등을 정리해 놓고 그 센터는 아버지 앞으로 해놓아 그것까지는 손을 대지 못했다.

결국 숱한 빚쟁이들에게 시달릴 수밖에 없었다. 나중엔 강의하고 있는 대학과 내 무용센터까지 빚쟁이들이 몰려들었다. 제자들 앞에서 모욕을 당하는 나를 지켜보아야 했던 부모님의 결단으로 비로소 그와의 불행했던 결혼 생활을 마감할 수 있었다. 특히 경마와 도박에 빠진 그를 부모님은 몇 번인가 기회를 주며 도왔는데도 밑빠진 독에 물붓기였다. 그렇게 달래고 타일렀는데도 경마나 도박에 다시 손을 댔고 그것을 안 아버지와 엄마로부터 눈 밖에 난 것이다. 물론 이혼을 할 때에도 결코 쉽지 않았다. 눈치를 챈 그가 한사코 나를 피해 다녔기 때문이다. 할 수 없이 의논할 일이 있다며 잘 구슬려 그를 불러낸 뒤 부모님과 형제들의 도움으로 그를 붙잡아 도장을 받을 수 있었다.

지금도 잊을 수 없는 것은 이혼 도장을 찍는 그 순간까지도 그가 보인 태도였다. 그에게는 이혼 도장을 찍는다는 것이 바로 '안전한 돈줄'을 잃는 것이었다. 당황한 그는 필사적으로 나를 피하며 도장을 찍지 않으려 했다. 그 와중에 정작 자신의 아내나 자식들, 그리고 가정이 무너지는 것은 안중에도 없었다. 오히려 좋은 남자 있으면 가버리라고 한 무심한 남편이었다.

어리석게도 그 순간에도 부모님에게 붙들려 억지로 도장을 찍는 그가 가엾게 생각되었던 나는 그런 남편의 모습을 보면서 비로소 마음을 다잡았다. 만일 그가 한순간만이라도 나와 아이들을 걱정하는 말을 한마디라도 했다면 나는 이혼을 포기하고 다시 그의 아내로 돌아갔을지도 모른다.

내 결혼은 그렇게 끝이 났다. 그리고 지금까지 오로지 아이들을 뒷바라지하고 춤을 추는 것에만 전념하고 살았다. 물론 힘들고 어려운 나날들이었다. 하지만 그나마 혼자 몸이었으니 춤꾼으로서 하고 싶은 모든 일을 다했다고 생각하며 스스로를 위로하곤 한다.

더 솔직히 얘기하면 한편으론 홀가분한 마음도 있었다. 비로소 내 발목을 옥죄고 있던 굴레에서 벗어난 듯한 기분이었다면 나는 비난받아야 할까?

아팠고 쓰라렸던 기억이긴 하지만 불행하다는 생각은 이제 하지 않는다. 물론 사람에 대해, 또 세상에 대해 그 어떤 불신도 하지 않던 내게 그토록 혹독한 시련이 닥친 건 무슨 이유에 설까 하며 괴로웠던 적도 적지 않았다.

그러나 이제는 다 지난 일이다. 억울했던 생각도 다 날려버렸다. 그게 내게 주어진 몫이려니 체념하는데 익숙해졌고, 넘기기 어려웠지만 받아 마시기로 작정한 탓이다. 그리고 무엇보다 내게는 춤이 있지 않은가? 그만한 위로가 또 어디 있을 것인가…….

'과거를 묻지 마세요'라던 노래 구절이 있다. 내가 과거를 대답하기 싫은 여자가 된 건 그런 세월들 때문이었다.

제9장
한 여자로서의 나의 삶

부산 롯데호텔 초청 공연
(라스베가스홀, 1999)

무용수로 살아가야 하는 고단함

사람들을 가르치다 보니 젊은 여성들 뿐만이 아니라 주부들도 많이 만나게 된다. 그럴 때 느끼게 되는 것이 내 삶을 부러워하는 주부들의 눈길이다. 집에서 살림만 하는 것이 아니고 당당하게 자신의 이름을 걸고 살아가는 것이 부럽다는 것인데, 그럴 때마다 난 오히려 내가 더 부럽다는 얘기를 한다. 하지만 그런 내 말을 주부들은 믿지 않는다. 그냥 해보는 소리쯤으로 돌리는 것이다.

그러나 정말 난 그들이 부럽다. 어쩌다 식사 약속이 있어서 낮시간에 음식점에 가보면 편안한 얼굴로 삼삼오오 짝을 지어 모임을 가지고 있는 주부들을 보며 나도 저런 여유가 있었으면 좋겠다는 생각을 할 때가 많다.

그리고 정말 고단하기만 한 내 삶을 다시 돌아다보고 한숨 짓곤 한다. 뭐가 그리 고단하냐고? 당신은 그 대신 화려한 스포트라이트를 받으며 군림하지 않느냐고 물을지도 모른다. 그건 무용수로 살아야 하는 내 고충을 몰라서 하는 얘기이다.

무용가로 살아온 내 인생. 오직 무용수가 되기 위해 인간적인, 그리고 여성으로서의 길은 일찍이 포기해야 했다. 아직 부모의 품에서 어리광을 부릴 나이에 나는 혹독한 훈련을 받았다.

언제나 새벽 별을 보고 집을 나서 남들이 다 자고 있을 때 귀가했던 나날들. 그래서 언제나 잠 한번 푹 자 보는 것이 소원이었던 나의 사춘기. 안타깝게도 그 소원은 지금도 이루지 못하고 있고 그렇게 분주한 나날을 보냈던 덕에 그 또래면 다할 수 있는 미팅 한번 제대로 못했고, 변변한 친구 하나 만들지 못했다.

학교를 졸업하고선 미진한 공부를 더하기 위해 혼자 외로이 외국 땅을 떠돌아야 했다. 날마다 눈을 뜨면 아무도 없는 차가운 객지의 방. 그때마다 나는 더할 수 없는 외로움에 시달리며 무엇 때문에 내가 이렇게 사는가 수십번도 더 가슴을 쳤었다.

무용수로선 극약이기도 한 게 몸매의 흐트러짐. 다행히 워낙 내가 살이 잘 찌지 않는 체질이어서 특별한 관리 같은 건 해본 일이 없었으나 출산을 하고 나선 문제가 달랐다. 아무리 타고 난 체질이라 해도 막상 아기를 낳고 나니 특별히 살이 찐 게 아니라도 몸에 기가 빠져 기운이 없어졌으므로 체력 단련이 필요했다. 재즈댄스로 돌아가기 위해서는 남다른 체력이 필요하기 때문이었다.

나는 독한 마음을 먹고 산간이 끝나자마자 체력관리에 들어갔다. 단시일 내에 몸을 원상 복귀하기 위해 내가 시도했던 관리법들. 두 발에 모래 주머니를 달고 12층 아파트 계단을 1층부터 12층까지 오르내렸다. 그냥 뛰어 올라가는 것도 힘든데 두 발에 모래 주머니를 달았으니 얼마나 힘들었겠는가? 그래도 적당히 해서는 출산 이전의 몸매로 돌아가기 어렵다는 것을 잘 알기에 견뎌내야 했다.

또 매일매일 동생에게 스톱 워치를 들게 하고 버스로 다섯 정거장 되는 거리를 뛰어서 왕복을 했다. 물론 의욕적으로 시작은 했지만 날마다 너무나 힘들었다. 어찌해서 가는 길은 무사히 뛰어갔지만 다시 뛰어서 돌아올 생각을 하면 매번 아찔했다. 그래서 꾀가 나 택시를 타고 돌아오기도 했는데, 그런 때면 어김없이 동생에게 잔소리를 들었다. 하긴 내가 원해서 동생에게까지 도움을 청하며 했던 일을 꾀를 냈으니 욕을 먹어도 당연했다.

그래서 다음부터는 아예 그런 생각을 없애기 위해 돈을 지니지 않고 뛰었다. 그러면 돈이 없으므로 차를 타고 싶어도 못 탈 테니까. 그렇게 초인적인 노력을 기울여서 겨우 다시 예전의 체력을 되찾을 수 있었다.

무용단을 이끌게 되면서는 더 많은 일들이 내 어깨를 짓눌렀다. 무용단을 이끄는 일은 단순히 춤만 추어서는 되는 일이 아니기 때문이다. 무용단에 들어가는 모든 경비와 단원들 관리, 그리고 공연이 있을 때마다 기획부터 시작해서 안무는 물론 공연장 대관하기, 홍보하기, 또 원활한 공연 진행까지 모두가 내가 도맡아야 할 일이었다. 때문에 나는 언제나 밤낮없이 일에 쫓기며 허덕허덕 살아가는 생활을 해야 했다. 게다가 이렇다 할 후원도 없이 공연 한번 하려면 엄청난 경비가 소요되었다. 참고로 창단 공연의 경우 아파트 한 채 값이 날아갔다. 후에 그 빚을 갚기 위해 얼마나 힘들었는지 모른다. 그러면서 빚을 다 갚을 만하면 또 다음 공연 날이 다가오고. 돈 마련을 위해 이리 뛰고 저리 뛰고, 또 아쉬운 소리를 해대다 보면 내가 무슨 거지인가 싶어 그만 다 때려치고 싶은 마음이 굴뚝같기만 하다.

그래서 나는 지금도 누가 나를 대접한답시고 밥을 사거나 선물을 하거나 하는 것보다는 차라리 내 공연의 표 한 장을 사주는 것이 더 고맙고, 다른 때 얼굴을 보는 것보다 내 공연 때 찾아와 주는 사람이 더 반갑다. 그런 점에서 어쩔 수 없이 나는 춤꾼인가 보다

그렇게 뛰다 정말 허전해지는 건 모든 일과를 끝내고 허적허적 집으로 돌아오는 길에서다. 공연이 끝난 후 돌아오는 길도 그렇다. 갑자기 밀려드는 공허함, 그런 것들이 가슴속을 헤집고 들지만, 그럴 때도 잠시 나는 곧 내일의 일과를 생각

한다. 아마 꿈도 그런 것들만 꾸지 싶다. 그러니 한번 살아 보라. 내가 정말 멋진 인생을 살고 있는 것인지. 대번에 못 살겠다고 도망가게 되지 않을까?

한때 여자이기를 꿈꿨으나

 춤을 추면서 남들 앞에 서는 입장이 되다 보니 비교적 사람들의 시선이나 관심에 무심해졌다. 그 중에서도 가장 무심한 것이 아마 이성의 눈길일 것이다.
 지금은 많이 달라졌지만, 과거 춤꾼에 대해 편견을 갖고 있는 사람들이 많아 평탄치 못한 행로를 걸어야 했던 경우가 많다. 심지어 내가 어릴 때 춤을 추러 다니자 주위에서 '기생이나 하는 짓'이라며 못마땅한 눈으로 보는 일도 자주 당하는 일이었다. 특히 엄마 집안엔 양반집안(이조판서)이라고 하여 춤추는 것을 반대했다. 미술도 좋아하시지 않았다. 어쨌든 예능 쪽은 '화류계'라고 여자는 곱게 커서 고이 시집가서 잘 살라는 사고방식이었다.

엄마까지 그러고 또한 사람들의 시선이 그랬으니 일찍부터 내가 몸에 익힌 것이 사람들이 찬사나 비난에도 초월할 수 있는 마음가짐이었다. 때문에 어쩌면 다른 여자들이 사는 것과는 다른 길을 걷게 되리라는 예감을 진작부터 했던 것 같고, 결국 지금 난 그렇게 되었다.

하지만 나도 인간이고 여자이다. 그리고 지금의 내가 있도록 강하고 독한 면이 있는 만큼, 반면에 내가 얼마나 섬세하고 여린, 상처받기 잘 하는 여자인지 아는 사람들은 다 안다. 오히려 세상으로부터 상처받지 않기 위해 모진 척하고 독한 척할 뿐이다.

진정 나도 한 여자로 살고 싶었던 때가 있었다. 결혼을 하고 아이를 키울 때 그런 생각을 했었다. 물론 결혼 전에는 내가 결혼을 하게 되리라는 생각이 없었기 때문에 그런 생각조차 할 수 없었으나, 막상 결혼 생활을 시작하자 참 좋다 싶었다. 워낙 어릴 때부터 무용을 하느라 바빠서 요리나 살림 등에는 전혀 소질이 없을 거라 생각했는데 막상 손을 대니 의외로 살림에도 괜찮은 소질이 있었다. 지금도 마음먹고 요리를 하면 사람들이 깜짝 놀랄 정도이다. 요리 같은 건 할줄 몰랐다면서 어떻게 이렇게 할 수 있느냐며.

그리고 나의 아이들이 태어나고 나는 엄마가 되었다. 내 속으로 낳은 생명을 대하는 일은 경이로웠다. 그런 생명이 내 손을 거쳐 하루하루 커가는 것도 그저 신기하기만 한 나날이었다. 그 시절 무용을 하면서도 시간만 나면 나는 집으로 뛰어왔다. 어떤 때는 YMCA 특강이나 또는 센터 내의 수업 등도 같이 데리고 다니며 내가 수업하는 모습을 보게 했다. 그럴 때면 아이들은 엄마가 수업하는 모습을 보며 키득거리며 조잘댔다. 그만큼 아이들을 생각했다.

물론 그렇다고 남편과 큰 사랑이 있었던 건 아니다. 특별한 기대없이 한 결혼이었고, 남편은 항상 바깥일로 바빴지만, 다른 여자들도 다 그렇게 사는 거려니 하고 크게 심각하게 생각하지 않았다. 그래서 지금도 난 부부가 특별히 사랑을 한다거나 그립다거나 하는 말을 잘 이해하지 못한다. 부부 사이에 그런 게 과연 존재할 수 있을까 싶기만 하고 그런 탓에 주변 사람들로부터 안스러운 시선을 받기도 한다. 도대체 얼마나 사랑이 없는 결혼 생활이었으면 저럴까 하는. 물론 내가 처녀인 줄 아는 사람들은 결혼을 해보지 않아서, 또는 사랑을 해보지 않은 '냉가슴'이라서 그렇다는 비난을 할 때도 많다.

맞는 말이기도 하고 맞지 않는 말이기도 하다. 만일 내가 정말 사랑이 넘치는 결혼 생활을 했다면, 아니 더도 말고 처참하게 깨어지지만 않았더라도 어쩌면 나는 그냥 한 가정의 아내로 안주했을 수도 있다. 무용은 그 다음의 문제가 되었을 것이고, 때문에 그냥 춤을 췄던 사람 정도로만 남게 되었을지도 모른다. 실제로 잠시나마 행복을 느끼던 시절, 나는 그 행복 속에 그냥 머무르고 싶다는 생각을 종종 했었다.

결과적으로 그 생각은 이루어지지 않았고 나는 지금 여자로서의 삶을 다시 포기하고 춤꾼으로 서 있다. 그게 나에게 어떤 의미인지 나는 가끔 스스로에게 묻곤 한다. 그러나 나도 모르는 대답을 누가 알랴 싶어 피식 웃어 버린다. 하기야 이왕이면 그 모든 것들이 내게 주어졌으면 얼마나 좋을까? 게다가 그런 행복을 누리는 여성들도 주위에 없지 않다. 일과 가정 모두에서 성공한…….

하지만 이제 더 이상 주어지지 않았던 것들을 되돌아보지 않는다. 물론 그렇다고 해서 주어지지 않은 몫만큼 내가 크게 한 일이 있는 건 아니다. 다만 욕심을 부리지 말자는 뜻이다. 그러면서 우울해지지 않기 위해 나는 다시 스텝을 밟는다.

만일 지금이라도 여자로서의 삶을 살아볼 생각은 없냐고 누군가 물었던 적이 있다. 물론 당시는 "뭐, 내 복에……"하고 웃어 버렸지만 그 질문은 며칠 동안 내 가슴 속에서 떠돌았다. 하긴 난 그 동안 여자로서의 애틋한 삶은 잊고 살아왔으니까. 그래서 내렸던 결론. 난 이제 그 대답을 한다.

물론 쉽진 않겠지만 만일 내게 다시 여자가 될 기회가 주어진다면, 이젠 용감하게 그것을 쟁취해 볼 작정이라고.

지금도 모르는 '사랑',
그 알 수 없는 것에 대하여

'*사랑*'에 대한 개념이 없어서 그런가? 난 특히 청춘 드라마를 잘 보지 않는다. 잘 이해가 안 되기 때문이다. 도대체 그렇게 남녀가 뜨거운 사랑을 펼치는 것은 드라마 상에서나 가능한 일이라는 생각이 들기 때문이다.

어느 날인가 부모님과 함께 드라마를 보다가 어찌나 주인공들의 사랑하는 모습이 절절하던지 내가 문득 물었다.

"아버지, 도대체 사랑이 뭐야? 말해봐 응?"

그때 당혹스러워하시는 내 부모님의 얼굴이라니……아버지와 어머니는 난감한 얼굴로 서로 마주 보다가 이내 아버지가 말을 받으셨다.

"사랑이 뭐냐니? 그게 무슨 말인고?"

나는 좀 일이 쑥쓰럽게 돌아간다는 생각을 했지만 내친 김이었다.
"글쎄, 아버지, 아버지는 진짜 사랑이 있다고 생각하세요?"
내 말이 끝나기가 무섭게 아버지는 험험 헛기침을 하셨다. 난처할 때 어김없이 나오는 아버지의 버릇이다. 벌써 인생의 반은 넘은 나이를 먹고 '사랑'이 아직도 뭔지 모르는 딸내미가 기가 막혔던지 아버지는 얼굴마저 벌개지셔서 깊은 한숨을 푹 내쉬셨다. 어머니도 돌아앉더니 땅이 꺼지는 한숨 바람이셨다.
하지만 정말 알 수 없는 걸 어쩌란 말인가. 내가 그런 표정을 고치지 않고 있자 잠시 생각에 빠졌던 아버지는 어머니의 어깨에 한 팔을 두르며 입을 여셨다.
"미례야, 그러니까 사랑이란 말이지. 바로 나와 니 엄마 같은 거다. 알겠니?"
아버지는 당신의 대답이 만족스러운지 퍽 의기양양한 표정을 하고 계셨고, 옆자리의 어머니 역시 두말하면 잔소리란 표정으로 나를 바라보았다.
꼭 유치원생 딸과 부모의 대화 수준이다. 이 나이가 되도록 모르는 게 있다는 딸이나 그 딸에 대한 교육이 미진했음을 통감하고 다시 처음부터 재교육을 실시하는 부모나.
어쩌다 이리 됐을까? 나는 나에게 문제가 있다는 걸 잘 안다. 또 진정한 사랑이란 게 존재한다는 것도 모르진 않는다. 다만 안타깝게도 그런 감정이 내게 깃들 새도 또 주어진 적도 없다는 사실이다. 그러니 직접 맛을 봐야 설탕이 달콤한 걸 아는 것처럼, 옆에서 제아무리 달콤하다 한들 정작 맛보지 않았는데 그 맛을 어찌 제대로 알겠는가?

게다가 어느 정도 시기가 지나 버리니까 이제는 또 내 몸 내 맘대로 할 수 없는, 남의 시선을 의식해야 하는 공인이 되었다. 그러니 또 무슨 일을 벌일 수 있겠는가? 혹시라도 사람들과의 만남 속에 은근한 눈길을 던져오는 이가 있더라도 행여 사람들의 입에 오르내릴까 싶어 '아서라' 싶어지는 마음.

나는 그래서 가끔 스캔들을 일으켜 세상의 주목을 받는 연예인들을 보면 비난하기 보다 그 입장이 이해가 될 때가 많다. 보통 사람이라면 자유스럽게 할 수 있는 걸 함부로 하지 못하므로 해서 생기는 부작용이다 싶어서다.

이런 생각을 하고 있는 내가 한심하고 속상하지만 할 수 없는 일이다. 물론 그렇다고 해서 내 가슴 속에 사랑이 깃들 자리가 없다는 건 결코 아니다. 나도 할 수 있다면 진정한 사랑을 맛보고 싶다. 그리고 해보고도 싶다. 이런 내 얘기를 들으면 주위 사람들은 다 비웃을지도 모른다. 꿈이니 꿈 깨라고…….

사람들은 내가 춤으로서 성공하기만을 원하는 여자라고 생각한다. 그러나 그렇지 않다. 나 역시 한 가정이 주어졌다면 누구보다 그것에 만족하고 살아갈 만한 소박한 여자이다.

언젠가 제자 하나가 아주 구슬프게 노래를 불러 그 노래가 무언지 가르쳐 달라고 해서 배운 적이 있다. 양희은의 〈사랑 그 쓸쓸한 것들에 대하여〉라는 노래였다. 나는 이 노래가 마음에 쏙 들어 자주 듣곤 한다. 그러나 부를 땐 다소 개사를 한다. 〈사랑 그 알 수 없는 것에 대하여〉라고.

나의 분신 같은 두 아이들

여러 가지 부족한 것이 많은 나의 삶이지만 그래도 한 가지 확실하게 내세울 것이 있다면 그것은 내 두 아이들이다. 무용이라는 대답을 예상했던 사람이라면 의외의 대답일지도 모른다. 그러나 내게 아이들의 존재는 다른 무엇과도 바꿀 수 없는 소중한 것이고, 어쩌다 힘들 때 내 분신과도 같은 아이들이 자라는 모습은 언제나 내게 힘이 되었다.

물론 내가 혼자 되었을 때 주위 사람들은 모두 아이를 애 아버지에게 보내라고 했다. 어떻게 아이를 혼자서 키우겠냐면서, 더구나 하나도 아니고 둘이나 되는 아이를 살림만 하는 것도 아니고 춤을 춰야 하는 내가 어찌 건사하겠느냐고.

부모님도 남편과 헤어질 때 그 부분을 가장 걱정하셨다.
 그러나 나는 그 부분만은 양보할 수 없었다. 물론 내가 온전히 아이를 키우는데 시간을 낼 수는 없을 것이다. 하지만 내가 아이들의 엄마로서 옆에 있어 주고 안 주고는 내게 대단히 중요한 의미였다. 그래서 나는 기꺼이 아이들의 엄마로 곁에 있기를 택했고, 덕분에 두 아이의 양육까지 책임지게 되었다.
 하기야 경제적으로 무능했던 남편이 키울래야 키울 수도 없었을 것이다. 그러면서도 둘째인 아들은 아들이라는 이유로 자신의 집에 데려다 놓았고, 그걸 내내 안타까워하는 내게 아들은 오히려 걱정 말라며 항상 나를 안심시켰다. 자신만이라도 아버지가 돌보지 않는 할아버지와 할머니 곁에 있어야 된다며.
 어찌 보면 서운한 소리이기도 했지만, 난 그런 아들의 마음 씀씀이가 대견해서 기꺼이 아들의 말을 들어주었다. 물론 아버지 곁에 가 있다고 해서 아들의 양육을 애 아버지가 책임지는 건 아니었으니 떨어져 있으면서도 아들의 교육을 책임지는 일은 나의 몫이었다.
 딸의 경우는 바쁜 나를 대신해 부모님이 키워 주셨다. 덕분에 나는 춤을 추는 데도 지장없이 아이를 키울 수 있었는데, 그런 만큼 가능하면 엄마 노릇을 충실히 하려고 애를 썼다. 그것을 지키기 위해 나는 그 바쁜 와중에도 아이들이 나를 필요로 하는 일이라면 어떻게라도 시간을 내서 달려갔다.

아마 내 아이들의 학교 생활 중에 나만큼 충실히 학교에 얼굴을 내밀던 학부형이 또 있었을까? 학교에서 학부모를 소집할 때마다, 또 무용가 학부형이라 해서 학교의 행사 등을 부탁해 올 때마다 웬만하면 참가했다.

그리고 경제적으로 그 어려운 속에서도 아이들이 음악을 하겠다고 하자 그야말로 이를 악물고 뒷바라지를 했다. 물론 아이들은 그런 내 어려움을 전혀 모르고 자라났지만, 사실 음악 공부 뒷바라지하기가 얼마나 어려운가? 그야말로 죽을 힘을 다해서 학비를 댔다는 것이 솔직한 내 심정이다.

그 결과 아이들은 이제 각각 대학에서 첼로와 트럼펫을 전공하는 음악도가 되어 있다. 그 와중에도 세파에 시달리지 않고 잘 자라 주어서 딸은 학교에서 첼로 솔리스트로 뽑혀 전국 순회 공연을 다닐 정도로 인정받으며 장학생으로 재학하고 있고, 역시 장학생인 아들은 이제 조금 있으면 군대를 간다. 요즘은 나를 돕겠다며 센터 일도 곧잘 돕고, 센터가 비어 있으면 나와서 연습을 하는 등, 떨어져 있다는 생각이 전혀 들지 않을 정도로 내 곁에서 지내 주고 있다. 그런 아들에게서 든든함마저 느끼고 있는 걸 보니 나도 나이가 들었구나 싶기도 하다.

또 맏이기도 한 딸은 나와 가장 잘 통하는 친구가 되었다. 이제는 제 엄마가 여자로서의 행복도 누리기를 바라는 속깊은 내 딸…….

나는 그래서 내 지나온 나날을 헛살지는 않았다고 자부한다. 내가 일궈 낸 춤이 있기도 하겠지만, 그에 앞서 온전히 내 힘으로 키워낸 내 아이들, 그들이 내게 준 희망이 있었기 때문이다.

 더 감동스러운 것은 내 아이들의 나에 대한 변함없는 믿음과 자부심이다. 언제나 우리 엄마가 최고, 멋진 엄마라고 불러주는 내 아이들. 그래서 나는 오늘도 내 아이들에게 깊은 감사와 사랑을 보낸다. 엄마를 믿고 사랑해 주어서 고맙다고.

제10장

재즈 무용가 전미례, 나의 길

신사동 JMR 재즈댄스 센터
사무실에서(1998)

내 인생의 모든 것 JMR 센터
— 신사동 센터와 어넥스

하루 일과 중에서 가장 행복할 때가 있다면 아침에 집을 나와 센터 앞에 설 때일 것이다. 내 모든 꿈과 열정이 담겨 있는 곳—JMR 브로드웨이 재즈댄스 센터—라는 간판과, 그곳으로 오르는 길. 그 때문에 날마다 한번씩 난 센터 앞에서 회한에 젖곤 한다.

아마 어떤 꿈을 가졌고 그것을 힘든 고생 끝에 얻어 본 사람이라면 나의 이러한 마음을 알 것이다. 하긴 뭐 고작 그 정도를 가지고 그렇게 호들갑이냐고 하면 할 말은 없지만, 어린 시절 내가 무용가가 되리라는 꿈을 꾸었을 땐 사실 이런 모습이 아니었다. 그때 내가 그렸던 건 화려한 조명 아래서 만인의 칭송을 받으며 오만하게 춤사위를 펼치는 모습이었다. 당연히 그 오만함 뒤로 펼쳐질 고독과 고행 같은 건 상상도 안 했고 계산에도 없었다.

지금도 눈을 감으면 떠오른다. 재즈댄스를 본격적으로 보급하기 위해 승승장구하던 시립가무단 지도위원 자리를 박차고 나와 내 스스로 첫 단원이 되어 스튜디오를 열고 단원을 기다리던 일. 그때의 막막함을 딛고 마침내 성대히 창단 공연을 열었고 그 후 국내 유일한 정통 재즈 무용단이 되어 지금의 신사동 센터에 오기까지. 참 많은 일들이 있었다.

한창 자리를 잡아가며 승승장구하던 센터가 남편의 잘못으로 졸지에 허공으로 날아가 버렸던 일. 그래서 단원 모두가 갈 곳을 잃고 함께 부둥켜안고 엉엉 울던 일, 식음을 전폐하고 죽음만을 생각하던 나날들…….

다행히 부모님의 도움으로 다시 일어나 이곳 신사동에 터를 잡았고, 흩어졌던 단원들을 불러모으면서 감격에 겨웠던 일. 단원들이 늘어나고 재즈댄스를 배우려는 수강생들도 늘어나면서 스케줄 잡느라 비명을 지르던 일. 또 플라멩코를 가르칠 공간이 없어 고생하다가 오랜 기간 들여 마련한 어넥스.

센터 옆 건물 지하에 마련한 어넥스는 사실 무리를 많이 해서 마련한 장소였다. 당시 무용단을 이끌고 공연을 하기에도 언제나 경비 부족으로 허덕이던 실정이었고 재즈댄스로는 필수인 탭댄스와 플라멩코를 배워야 하는 수강생들에게 언제나 눈치가 보였다. 더구나 플라멩코와 탭댄스의 독특한 스텝 때문에 4층에 위치하고 있는 센터는 아래층 사람들에게 소음 공해를 심하게 주기 때문에 적당한 곳이 아니었다.

그래서 더 이상은 안 되겠다고 판단한 나는 일단 일부터 저지르고 보자는 심정으로 어넥스 자리를 알아보았다. 마침 센터 옆 건물 지하에 녹음실하던 자리가 나왔다고 하기에 이거다 싶어 덜컥 계약부터 하고 나니 나머지 잔금은 물론 춤을 출 수 있는 공간으로 꾸밀 비용이 턱없이 부족했다.

그때부터 만사를 제쳐놓고 돈을 마련하러 다니던 일. 물론 당시 단원들이나 수강생들은 이런 고충을 전혀 몰랐다. 그건 오로지 나의 몫이라는 걸 잘 알기 때문에 나 또한 내색할 수 없었고, 그래서 더욱 힘겨웠다. 그리고 돈이란 것이 어디 그리 뜻하는 대로 척척 생기는 것인가? 겨우겨우 잔금을 맞혀 놓고 나니 그 다음에는 돈이 모자라 공사가 중단되기를 수차례……그래도 잘 버텨 왔는데 마지막 개관을 앞두고 마무리 공사를 할 돈이 없었다.

시간은 자꾸 흐르고 백방으로 뛰어봐도 더 이상은 돈을 구할 곳이 없었다. 얼마나 초조했는지 한동안은 모든 사람들이 온통 돈으로 보일 정도였다. 저 사람은 10만원, 저 사람은 100만원 하며……그 정도 꾸어줄 능력이 있겠지 하며 계산을 했던 것인데 그렇게 눈이 뒤집혀 정신이 없었던 걸 보면 지금도 어이없는 웃음이 난다. 그러는 내 애타는 마음은 아랑곳없이 단원들은 어넥스의 개관만 손꼽아 기다리고 있었다. 언제 개관하느냐는 단원들의 물음에 '기다려 봐'만을 연발하던 나는 꿈자리에서도 돈을 대지 못해 어넥스가 날아가 버리는 끔찍한 가위에 눌린 끝에 독한 마음을 먹고 제자들에게 손을 내밀었다. 나만 믿고 따라와 주는 제자들이 고맙고 미더워서 한번도 돈 문제로 어려움을 내색해 본 적이 없는 나인지라 제자들에게 돈을 꾸는 일은 정말 입이 떨어지지 않았다.

그러나 인부들은 더 이상 공사를 못하겠다고 짐을 싸지, 이러다 이도저도 안 되겠다 싶어 다급해진 나는 믿을 만한 몇 명의 제자에게 사정을 설명하고 도움을 청했다. 물론 제자들이라고 뾰족한 수가 있었을까. 다행히 마침 여유 돈이 있던 제자가 있어 그 도움으로 어넥스 마무리 공사를 했고, 결국 개관을 할 수 있었다.

그렇게 여기까지 왔다. 그래서 센터와 어넥스 두 곳은 언제나 쓰다듬고 보듬고 싶을 정도로 내게는 소중한 곳이다. 특히 센터의 경우는 해외 현지에서의 감각을 잃지 않기 위해 스페인이나 브로드웨이의 뒷골목 극장 같은 느낌을 살려 놓으려고 애쓴 공간이다. 그렇게 장소만이라도 꾸며 놓아야 내가 감각을 잃지 않고 재즈댄스를 할 수 있겠기 때문이다.

내게는 그만큼 사연 많고 소중한 곳이기 때문에 언제나 이곳을 찾아주는 사람들이 고맙고, 그 많은 인터뷰와 방송도 이곳에서 하길 고집하는 이유이다. 이곳에 있어야만 나 전미례가 살아 있음을 느끼니까.

지금도 안무가 잘 풀리지 않거나 기획이 잘 안 될 때, 또 고민이 있다거나 힘들 때면 나는 깊은 밤중에라도 차를 몰아 센터로 온다. 센터 문을 열고 불을 켤 때 잠들고 있던 조명이 깜빡깜빡 하고 눈을 뜨는 것을 보면 그제야 마음이 편안해진다. 그리고 내가 제일 좋아하는 음악을 틀어 놓고 스텝을 밟는다. 오만 가지의 잡념이 사라지고 일체의 무념무상의 세계로 접어드는 순간. 나는 다시 힘을 충전한 새로운 전미례가 되어 힘차게 일어나는 것이다. 어떤 문제도 내 발길을 막지 못하는 '썬 파워 전미례'가 되어……

전국 주부들의 호프가 되어

원래 목표하던 바는 아니었지만 재즈댄스가 다이어트에 좋다는 입소문이 입증되면서 전국에서 재즈댄스 붐이 불기 시작했다. 그러다 보니 꽤 많은 시간이 흘렀고 이제는 특히 주부들의 호응도에 힘입어 전국의 문화센터마다 재즈댄스 강의가 열기를 더하고 있다. 재즈댄스를 가르치는 개인 교습소도 굉장한 수로 늘어났다.
 그 덕에 이제는 재즈댄스를 모르는 사람도 드물게 되었다. 물론 이러한 현상이 이미 나로서는 예견된 일이라서 그닥 놀랄 일은 아니다. 내가 일본에서 재즈댄스를 배우던 20년 전에 이미 일본은 엄청난 재즈댄스 열풍이 불고 있었으니까.
 그런 면에서 보면 아직 우리의 상황은 재즈댄스가 완전히 꽃을 피운 건 아니다. 만개하기 직전의 꽃봉오리라고나 할까?

그러다 보니 정작 바빠진 것은 그 재즈댄스를 이 땅에 소개한 나이다. 그렇지 않아도 춤추랴, 무용단 이끄랴, 강의하랴 바쁜 와중에 이제는 전국의 문화센터에서 열리고 있는 '전미례 재즈댄스 강의'까지 신경써야 할 지경에 이르렀으니.

물론 이제 어느 정도 내 지도를 거쳐 간 제자들이 제법 있어서 그 정도는 충분히 소화해 낼 수 있고, 또 그렇게 지도자가 되기를 대기하고 있는 제자들도 충분하다. 그러나 그럼에도 불구하고 제자에게만 강의를 맡겨 둘 수 없는 것이, 바로 내 이름을 보고 배우러 온 수강생들 때문이다.

하기야 내가 그 많은 강의를 일일이 챙길 수도 없거니와 또 수준 면에서 결코 뒤떨어지지 않는 강사들의 지도를 받고 있으므로 항상 내 지도를 받을 필요가 없다는 것, 아마 그들도 모르지는 않을 것이다.

그러나 언제부턴가 나는 주부들의 우상이 되어 있었다. 마치 문화센터를 통해서 어느 노래 강사가 대중의 스타로 떠올랐던 것처럼, 재즈댄스가 문화센터로까지 번져 나가면서 나 역시 어느 새 그들의 스타로 만들어져 있었다.

사실 춤꾼이 되고자 했지 대중의 스타가 되는 쪽은 전혀 생각을 해본 바 없는 나로서는 놀라운 현상이었다. 또 무용가가 과연 이래도 되는가 싶기도 해서 영 마음이 편치 않은 것도 사실이다. 게다가 춤 외에는 별로 가진 것도 없는 내가 괜히 사람들의 기호에 영합하는 위치가 돼서 서로에게 못할 짓을 하는 건 아닌가 걱정을 하기도 했다.
  그러나 그런 내 우려와는 상관없이 재즈댄스를 배우는 모든 이들이 자주는 아니더라도 나를 직접 보고 내 지도를 받아보려고 하는 것이었다. 또 현장에 나가 있는 제자들도 그런 수강생들의 요청 때문에 내 도움을 구하는 일이 비일비재했다. 그러니 어쩌겠는가. 재즈댄스의 확산은 바로 다름 아닌 내가 열망했던 일인데. 비록 그것이 아직은 다이어트에 좋다는 이유로 '살 빼는 춤' 정도로 올곧게 전파되고 있진 않지만.
  이 단계가 지나고 나면 서서히 재즈댄스가 가장 현대적인 종합 무용이라는 인식이 자리잡게 될 것이므로 따로 걱정은 하지 않는다. 그래서 아무리 바쁘더라도 일정을 조정해 전국의 문화센터에 얼굴을 내미는 것이 최근 나의 중요한 일과 중의 하나가 되었다. 그렇게 찾아간 문화센터에서 수강생들이 반기는 얼굴을 대하고 있노라면 살다 보니 '아줌마 팬'들이 다 생기는구나 하고 새삼스러워지기도 한다.
  그렇게 내가 한번이라도 들러 인사를 하고 지도를 해주면 두 배 이상으로 수강생이 늘어난다고 한다. 그러다 보니 오늘도 사무실의 전화는 내가 다녀가기를 원하는 전국 문화센터와 교습소의 요청 전화로 몸살을 앓는다.
  어쨌든 간에 나로서는 정말 고마운 일이 아닐 수 없다. 아마 그런 이유가 아닐까? 주부들이란 대개 남편과 아이들 뒤에 가려서 자신의 삶을 잊고 살기 마련이다. 물론 요즘은 많이 달라지고 있다고 하지만, 아직도 근본은 그 쪽에 더 가깝고 보면, 같은 여자로서 자신의 이름을 걸고 일을 하고 있고, 또 그것이 어느 정도 성공을 거두고 있는 데다, 여성으로서는 가장 큰 관심거리 중의 하나인 몸매 문제를 완벽히 해결(?)하고 있는 나를 보면서 대리 만족을 하는 게 아닐까?

아니면 자신들의 삶과 다르기 때문에 호기심을 갖고 그걸 우상화시킨 거라든지. 뭐, 아무래도 좋다. 중요한 건 그런 주부들의 끔찍한 나에 대한 애정 때문에 언제나 내가 깨어 있으려 노력한다는 사실이다. 게을러지고 싶을 때, 그런 나를 바라보고 있는 눈들이 있다는 건 얼마나 무서운 일인가? 또 행복한 일이기도 하고…….

그렇기 때문에 나는 언제나 내가 아주 열심히, 그것도 잘 살아야 한다고 생각한다. 여기서 잘 살아야 한다는 건, 뭐 남들보다 물질적으로 우위에 있어야 한다는 것이 아니라, 그야말로 잘, 비틀어지지 않고, 샛길로도 새지 않으며 항상 정도(正道)를 걸어야 한다는 뜻이다.

그런 나를 보고 친한 이들은 '재즈댄스 교주'라고 놀린다. 신도가 많다 보니 거의 신격화됐다는 놀림이다. 그럼 나는 천연덕스럽게 이렇게 대답해 준다.

"교주면 어때? 춤추는 교주인데. 그리고 나만큼 제대로 된 교주 나와보라구 해."

라고 말이다.

선생님 애는 언제 낳을까요?

재즈댄스를 하면서 내가 얻은 큰 수확 중의 하나는 바로 내 손길을 거쳐 키워 낸 제자들일 것이다. 제자들을 보고 있노라면 언제나 믿음직스럽고 고맙다. 특히 내가 제자들에게 남다른 애착을 갖는 이유는 하필 가장 천대받는 않은 재즈댄스, 아직 인식조차 미약한 이 땅에서의 재즈댄스를 그들이 자신의 업으로 하겠다고 선택했기 때문이다.

지금이야 각 대학에도 재즈과가 속속 생길 정도로 재즈댄스가 자리를 잡았고, 때문에 재즈댄스를 배우려는 학생들도 나날이 늘고 있지만, 제자들이 나를 찾아올 때만 해도 재즈댄스는 사실 그 향방을 점치기 어려울 정도로 냉대를 받고 있는 장르였다. 아니 냉대를 받고 있다기보다는 잘 몰라서였다는 쪽이 더 맞는 얘기일지도 모른다.

그런 상황에서 그들이 재즈댄스를 선택했다는 것, 그리고도 기약없는 미래가 두려워서 떠나가기가 일쑤였던 이곳을 끝내 떠나지 않고 지켜냈다는 것, 그것이 얼마나 대단한 일인가? 더구나 세상에서의 삶이라는 게 먹고 사는 것이 충족돼야만 가능한 것인데, 당시로서는 그 가능성조차 희박한 상태였다. 그래서 나는 그 어떤 존재보다 소중하게 내 제자들을 생각했고 마침내는 같은 배를 탄 동지애로 연결된 것이 바로 그들이다.

그래서인지 나와 제자들은 항상 모든 것을 의논한다. 스승이라서 무조건 독선을 부리는 일은 아예 내 사전에 없다. 때문에 우리는 모든 문제를 항상 대화로 풀곤 하는데, 그러다 보니 어느새 그들의 인생까지도 카운슬러 해 주곤 한다.

춤을 추다 보니 그들이 아직 젊은 나이라 사랑도 하고 결혼도 생각한다. 하지만 춤을 춘다는 것 자체가 이곳저곳을 떠돌며 공연을 하는 삶이다. 한곳에 뿌리내리기 어려운 일이기도 하고, 그렇기 때문에 막상 데이트를 할 시간도 많지 않고 해서 더욱 상대의 이해가 필요한 일이라 그들에게 사랑이나 결혼은 항상 쉽지 않은 문제다.

하긴 제자들이 모두 다른 젊은이들처럼 젊은 만큼 원하는 대로 사랑도 하고 결혼도 할 수 있다면 얼마나 좋겠는가? 그러나 그것이 막상 이상(理想)일 뿐이라는 것을 알기에 제자들의 고민은 클 수밖에 없다.

그래서 어느 때는 제자들의 하소연을 들어주면서 밤을 꼬박 샐 때도 있다. 물론 제자들은 각자 자신만의 문제이지만, 내 입장에선 스무 명이면 스무 명의 문제를 일일이 다 들어줘야 하는 상황이었다. 당연히 그것도 보통 일이 아니었지만, 나는 그러한 그들이 안쓰러워서 내색도 않고 그들의 하소연을 들어주곤 했다. 나도 그러한 젊은 날을 보냈기 때문이다.

그렇게 일일이 제자들의 사정을 알고 있다 보니 적당히 사정을 들어주는 장점도 있지만, 뻔히 사정을 알면서도 들어주지 못하는 아픔을 겪어야 하는 단점도 있다. 차라리 몰랐다면 당당히 밀고 나아갔으련만. 그럴 때마다 냉정해지려 하지만, 힘 빠진 제자의 뒷모습을 보면 마음이 아파진다.

공연을 앞두거나 공연 날에는 그래서 제자들의 연인까지도 함께 챙길 때가 있다. 가끔 저번 공연 때 왔던 연인이랑 다른 얼굴이라서 나를 당황하게도 하지만. 어쩌다 결혼이라도 하는 제자가 있으면 그의 결혼 준비부터 이후 살아가는 상황까지를 모두 알고 있는 경우도 허다하다.

그런 이유로 결혼을 앞두거나 결혼 생활중인 제자들이 반드시 빼놓지 않고 챙기는 의논 상황이 있다.

"단장님, 저 애 언제 낳을까요?"

라는 말이다. 내가 무슨 산부인과 의사냐고? 물론 아니다. 그러나 공연을 해야 하는 무용수인 이상, 자신이 언제 출산을 해야 공연에 차질이 안 생기는지 알아두어야 서로에게 난감한 일이 안 생기는 것이다.

  오늘도 지난 번 집들이를 끝낸 K가 할 말이 있는지 사무실 문을 두드리고 있다. 굳이 들어보지 않아도 이미 나는 그가 할 말을 알고 있다. 언제 애 낳으면 좋을까 그것을 의논하려는 것이겠지. 그리곤 그런 예측을 하는 내가 문득 우스워져서 하하 웃는다. 맙소사! 무용 선생 20여 년을 하다 보니 이제는 점치는 능력까지 생겼다고.

춤, 몸서리치도록 사랑하다 함께 죽어도 좋다

　　　　　　　　　스페인에서 그런 경험을 한 일이 있다. 한 할아버지가 혼자서 성당을 짓는 곳이 있다고 하기에 찾아가 보았다. 대체 어떻게 성당을 혼자 짓는단 말인가 의아해하면서. 그런데 그 할아버지는 성당의 터를 잡고 기초를 세워 벽돌 한 장 올리는 것까지를 모두 손수 하고 있는 것이었다. 물론 그렇다고 절대로 서두르는 법 없이 자신의 힘이 미치는 부분까지만 하고, 쉬었다가 다시 하고 하는 식으로.
　난 그런 할아버지의 모습을 보고 크게 감명을 받았다. 예술이란 바로 그런 것이 아닐까 하는 진한 깨달음을 얻은 것도 바로 그 할아버지의 작업을 통해서였다.
　스페인에서 만난 성당 짓는 할아버지와의 시간은 앞으로

내가 어떤 길을 가야 하는가를 알게 해준 소중한 경험이었다. 어떤 면에서 보면 나는 지금껏 빠른 시간 안에 멋진 성당을 짓겠다는 일념만으로 앞뒤 볼 겨를 없이 그저 달려만 온 것인지 모른다는 생각이 들었다. 물론 그러한 열정이 있었기에 어느 정도 터를 잡고 기초를 세웠던 건 사실이다.

그러나 중요한 건 바로 이제부터가 아닐까? 불씨를 일으키기까지도 쉽지 않았겠지만, 이제 불꽃이 타오르기 시작한 이상, 얼마나 오랫동안 그 불꽃을 꺼트리지 않게 하고 타오르게 할 수 있을 것인지 돌보는 작업 또한 그에 만만치 않게 어려운 일이기 때문이다.

다행인지 몰라도 개인적인 성격은 급하지만, 그래도 참 오랫동안 참고 기다리며 재즈댄스의 불을 지펴 왔다. 춤이 아니라면 아마 내 성격상 결코 그리 오랜 기다림의 세월을 견뎌 낼 수 없었을지도 모른다. 그 결과 이제는 그렇게 냉대를 하던 무용계의 선배들이 따뜻하게 맞아주고 한국 무용계의 한 부분을 담당할 수 있는 위치에까지 오를 수 있었다. 재즈댄스를 위한 학과가 각 대학에서 속속 개설되고 있고, 대중적으로는 다이어트 춤이라는 인식과 함께 전국 곳곳에 재즈댄스를 가르치는 기관이 생겨나고 있다.

그래서 지금은 천군만마를 얻은 기분으로 하루하루를 산다. 안무다 뭐다 해서 며칠씩 밤을 새고서도 피로를 이겨낼 수 있는 건 바로 그렇게 내 어깨 위의 짐을 함께 져주고 있는 사람들의 성원 덕분이라 하겠다.

재즈 무용가 전미례, 나의 길

이제는 자신도 생겼다. 또 춤을 위해서라면 그리고 나를 필요로 하는 곳이라면 어디든지 달려갈 생각이다. 왜냐하면 앞으로 내가 할 일이 전통적인 재즈댄스 장르 확립을 위한 부단한 노력이기 때문이다. 지금까지의 노력으로 자리는 잡았으나 잘못하면 백댄스화 될 우려가 항시 있는 것이 바로 재즈댄스이고, 그렇기 때문에 지금 잘 정립해야 한다는 생각이다.

그러자면 인력이 절대적으로 필요하다. 때문에 더 많은 재즈댄스 전문 교육기관이 생겨야 한다는 것이 나의 지론이다. 이사도라 던컨 이후 금세기 최고의 춤이 바로 재즈댄스라는 평을 받고 있는 만큼, 그것을 제대로 펼쳐 나갈 수 있는 능력을 키우기 위해서도 재즈댄스에 종사하는 전문 인력의 수급은 시급하다 하겠고, 각 대학에서의 강의에 신경을 쓰는 이유도 그 때문이다.

또 덧붙여 원하는 바가 있다면 재즈댄스 발전을 위해 보다 많은 이들의 관심과 도움이다. 한 분야의 예술이 뿌리를 내리고 번성하기 위해선 결코 예술가 혼자의 힘으로는 불가능한 일이다. 그 싹을 키우고 자라나게 하기 위해 많은 이들의 수고와 도움이 필요하다.

그런 의미에서 나는 무용을 위해서도 사회나 국가가 많은 관심을 기울여 주었으면 한다. 예술가가 돈이 없어 자신의 예술을 펼치지 못한다는 건 정말 있어선 안 될 일이므로. 그 유명한 중세의 르네상스 부흥도 이탈리아의 메디치가(家)라는 명망있는 상류층의 도움이 없었다면 이루어지지 못했을 역사가 아니던가?

때때로 공연이 끝나고 나면 수고했다면서 공연 뒤풀이 등을 후원해 오는 독지가들이 있다. 또 디자이너 하용수 씨 같은 분은 종종 그런 도움을 줘 날 감동시키곤 한다. 또 공연이 예고되자마자 티켓 구입을 해주시는 많은 분들, 의상을 도와 준다거나 하다못해 공연 팜플렛이라도 맡아 주겠다고 나서는 분들. 나의 재즈댄스는 그런 분들의 성의있는 도움과 후원으로 해서 지금껏 자라 왔다고 해도 과언이 아니다.

그런 관심과 성원이 앞으로도 계속되었으면 좋겠다는 소망을 가지면서, 개인적으로 앞으로 가장 이루고 싶은 건, 지금 하고 있는 재즈댄스와 플라멩코를 제대로 정착하게 해서 토착화하는 일이다. 그 일을 위해 심각하게 구상하고 있는 것 중의 하나가 센터의 체인화 작업이다. 이는 물론 사업적인 동반자가 있어야 가능한 일이겠지만 이미 그러한 제의를 해 오는 사업가가 적지 않고, 그래서 때를 기다리는 중이다. 아마 이도 잘 되리라는 믿음을 갖고 있다.

그런저런 생각을 하면서 지내다 보면 문득문득 지금의 내가 꿈인가 생시인가 할 때도 적지 않다. 어떻게 내가 여기까지 올 수 있었는가 마냥 신기할 때도 많다. 이제는 차츰 밤하늘의 별이 보이기 시작하고 비가 내리면 그 비에 젖을 마음의 여유도 생겼다. 한창 바쁘게 돌아갈 때는 어찌 그런 생각을 할 수 있겠는가? 그저 정신없이 내달리는 생활만이 내 몫이었던 거다.

그러나 이제는 재즈 무용가 전미례이기도 하지만 한 사람의 인간으로서 또 여자로서의 삶 또한 소중하게 가꾸고 싶기도 하다. 그 동안 재즈 무용이라는 엄청난(?) 상대에 눌려 정작 내 자신에게는 소홀했기 때문이다. 또 아이들의 어미로서 그 아이들이 자신의 길을 찾고 살아가는데 든든한 버팀목이 되는 존재가 되고 싶다는 것도 내 큰 바램 중의 하나이다.

그러다 한 10년쯤 후에는 내가 어떤 모습으로 있을까? 아마 그때는 무용쪽으로는 정리의 단계에 접어들어 있을 것이고, 어느 정도 여유를 갖게 된 내가 이제는 그간 도움을 받은 만큼 다른 사람들을 돕겠다는 마음으로 도움을 베풀며 살고 있지 않을까?

아버지는 요즘 내게 이런 충고를 하신다. 이젠 플라멩코에 더욱 신경쓰라고……벌써 시작한 지 13년이나 됐지. 그리고는 말끝을 흐린다.

이젠 재즈 무용도 다 정착되었으니 그 멋진 플라멩코에 정열을 쏟으라는 말이다. 그러나 전엔 그런 매력을 못 느꼈던 플라멩코, 재즈댄스 때문에 조금 소홀했던 플라멩코, 곧 플라멩코의 시대도 올 것이라는 예감이다. 이젠 플라멩코 무용협회 회장이란 감투까지 썼으니 어깨가 다시 무거워진다. 더욱 더 열심히 하고 후배양성에도 힘쓸 것이다. 그러다 보니 여전히 쫓기듯이 살고 있는 나를 보고 이제는 너도 무용계의 중진이니 기를 좀 펴고 살으라는 말도 덧붙인다. 어쩌다 보니 무용계의 차가운 시선에 익숙해진 내가 이제는 무용계의 한 축을 담당하면서도 언제나 지나치게(?) 겸손한 모습으로 무용계 한 귀퉁이에 서 있는 것 같아 보였던 모양이다.

그 말씀을 듣고 난 정신이 번쩍 났다. 아, 이제 나도 그런 위치에 올랐나 새삼스럽기도 하고 그럴수록 더 어깨가 무거워져서이기도 하다.

그렇지만 그 말처럼 새삼스럽게 내게 힘을 주는 말이 또 어디 있겠는가? 어쩌면 아버지는 그런 격려를 통해 감격하기 잘 하는 나로 하여금 다시금 스스로 재갈을 물고 채찍을 휘두르며 또 한번 앞으로 내딛기를 바라는 마음이신지도 모른다.

그렇다면 할 수 없지 않은가. 또다시 있는 힘 없는 힘 모아 죽어라 하고 앞으로 뛰쳐나갈 밖에. 그 생각을 하니 벌써부터 다리에 힘이 들어간다. 그러니 어쩔 수 없는 춤꾼 그게 바로 나 '전미례'인 모양이다.

정말 여섯 살 때부터 시작한 춤. 한국 무용, 발레, 현대 무용, 재즈 무용과 탭댄스, 그리고 플라멩코. 결국 나는 내 인생을 그리고 내 사랑을 춤에 건 것이다. 하지만 후회가 있을까? 여자로서의 삶? 그것도 아쉽지만 간절한 정도는 아니다. 그러니 '춤에 미쳤다'는 말을 들을 정도로, 그야말로 춤에 미쳐, 몸서리치도록 사랑하다가 함께 죽어도 좋다는 생각이다.

■서울 전미례 재즈 무용단 공연 연혁

1986. 3	전미례 재즈 발레단 창단(롯데호텔 크리스탈 볼룸),
87. 6. 27~28	제1회 전미례 재즈 발레단 창단 기념공연
87. 12. 28	무용한국사 주최 자선공연 특별 찬조 출연
88. 10. 2	올림픽 '젊음과 민속과 광장' 개회식 및 폐회식 재즈 발레 시범공연(서울특별시 주최)
89. 4. 9~10	제2회 전미례 재즈 발레단 정기공연(문예회관 대극장)
89. 8	동경 라폴로(Rafolo) 개관 기념공연 특별 찬조 출연
88~1993	88, 89, 90, 91, 92, 93 서울 전미례 재즈 발레단 정기공연
90. 7. 19	목화충돌극장 개관기념 초청공연
91. 11. 9~10	뉴-이즘(NEW-ISM)과 재즈 발레와의 만남 공연(문예회관 대극장)
91. 6. 11~14	전미례 재즈 무용단 정기공연 '검은도시' (학전)
91. 9. 22	일본 아시아 콤플렉스 특별초청공연

	작품명:검은 도시, 장소:후쿠오카
91. 4. 26	김덕수 사물놀이와 전미례 재즈댄스 합동 공연(소극장 난장)
92. 10. 2	한국 문예진흥원 주최 춤의해 초청공연(야외 공연 동숭동)
93. 5. 13~14	야누스 재즈 페스티발 특별초청 공연(문예회관 대극장)
93. 8. 25	전미례 재즈 발레단 창단 7주년 기념 대공연(문예회관 대극장)
93. 9. 7	세계 박람회장 'EXPO' 행사 초청 공연(대전 EXPO 극장)
93. 9. 19	김덕수 사물놀이 겨루기 한마당 축하공연(올림픽 공원 역도 경기장)
93. 10. 4~5	광양제철 초청공연 '레인 보우 재즈'(금호 음악당)
94. 4. 29~30	서울 전미례 재즈 무용단 앙콜 공연 및 지방순회 공연(포항제철, 울산 미포조선)
94. 9. 24	EBS 주최 과천 재즈 페스티발 특별 공연
94. 10. 24	문화의 달 초청 공연(마로니에 야외 무대)
95. 4. 29~5. 6	우크라이나 한국 문화의 날 초청 공연(러시아키에프 광복 50주년)
95. 5. 23	서울특별시 주최 세종문화회관 야외공연
95. 6. 2~3	광양 제철 초청 공연(백운 아트홀)

95. 6. 10~11		J.M.R. 브로드웨이 댄스 센터 제4회 쇼케이스 공연(현대토아트홀)
95. 6. 14		광양 제철 야외공연
95. 8. 1		정동 극장 개관 초청공연
95. 8. 15~21		제4회 'J.D.W.C' 세계 재즈댄스 대회 초청공연(일본 나고야 문화예술관)
95. 9. 2		국립극장 야외공연 '재즈컬렉션' '블루를 위한 소나타'
95. 9. 4~11		광양 제철 초청 공연(백운 아트홀)
95. 9. 29		서울특별시 주최 세종문화회관 야외공연
95. 10. 6		정동극장 초청 공연 '레인 보우 재즈'
95. 10. 20		문예진흥원 주최 '문화의 날' 야외공연(마로니에 공원)
95. 12. 30		J.M.R. 브로드웨이 댄스 센터 제5회 쇼케이스 공연
96. 3. 9~10		'96 학림창악회 초청 공연(라이브 협연—예술의 전당 토월극장)
96. 4. 4		'서울 춤 아카데미' 국립극장 대극장 공연
96. 5. 6		서울특별시 주최 분수대 광장 축제 공연
96. 5. 21		정동극장 초청 공연 '생명의 땅'
96. 5. 26		서울특별시 주최 '시민예술무대'(여의도 고수부지 야외 공연)
96. 8. 10		KBS홀 전미례, 신관웅, 김덕수 합동 공연

96. 10. 19~22	서울 전미례 재즈 무용단 창단 10주년 기념 대공연 '브로드웨이의 꿈'(문예회관 대극장, 과천 시민회관)
96. 12. 22	J.M.R. 브로드웨이 댄스 센터 제6회 쇼케이스 공연
97. 6. 10	국립극장 초청 문화 광장 공연
97. 8. 3	제6회 J.D.W.C 세계 재즈댄스 대회 한국대표 참가(독일, 위스바덴)
97. 9. 5	세종문화회관 초청 분수대광장 축제 공연
97. 12. 23	J.M.R. 브로드웨이 댄스 센터 제7회 쇼케이스 공연
98. 5.	김자경 오페라단 「라트라 비아타」 특별 공연(예술의 전당 오페라 하우스)
98. 9. 12	국립극장 초청 문화 광장 공연 출연
98. 9. 19	부천 시민 문화회관 초청 공연
98. 10. 23	세종문화회관 초청 분수대 광장 축제 공연
98. 12. 28	J.M.R. 브로드웨이 댄스 센터 제7회 쇼케이스 공연
99. 4. 24	국립극장 오페라단 정기 공연 「테레지아스의 유방」 무용단 특별출연
99. 5. 11	한양대학교 총동문회 개관 초청 공연
99. 5. 15	신인 재즈 페스티발 공연—J.M.R. 브로드웨

	이 주최(계몽 아트홀)
99. 6. 27	부산 롯데호텔 초청 공연(라스베가스홀)
99. 8. 5	김자경 오페라단「라트라 비아타」특별 공연(예술의 전당 오페라 하우스)
99. 9. 4	국립극장 초청 문화 광장 공연
99. 9. 11	대구 문화예술회관 초청 공연「imagine」
99. 10. 5	세종문화회관 분수대 공연 '뜨락'
99. 10. 26	부산 롯데호텔 앙콜 초청 공연(라스베가스홀)
99. 10. 30	국립극장 야외무대 앙콜 공연
99. 11. 15	서울 무용제 폐막식 초청 공연(문예회관 대극장)
99. 11. 27	21세기 선교 무용단 초청 공연(교육문화회관)
99. 12. 15	'우크라이나' 문화원 개원식 초청 공연(힐튼호텔)
99. 12. 25	'쇼케이스' 제8회 공연(J.M.R 브로드웨이 재즈댄스 센터)
99. 12. 31	새천년 맞이 밀레니엄 특별 야외 공연
2000. 1. 7	김자경 오페라단 '라트라 비아타' 추모 공연 특별출연(예술의 전당 오페라 하우스)

● 창작작품
- 검은 도시
- 블루를 위한 소나타
- 물위를 걷는 고양이
- 꼭두각시와 아리랑
- 야행
- 끝없는 절규
- TIME BOUM
- 상념
- 희로애락
- '비상하는' 등등
- 사막의 꿈
- 생명의 땅
- Take off with us
- 재즈 환타지아
- 약동
- 센추럴파크블루스
- 코러스라인
- 춤의 빛깔
- '렛츠고' 힙합
- 살사
- 리카도 보싸
- 컴아웃
- 우주신비 2000년
- Control
- Fever
- 화려한 비애
- 초콜릿 이야기
- 은하의 세계
- 흑과 백(태초의 창조)
- 도약2000

● 기타
- 국제 오페라단, 서울 오페라단 '춘희', '카르멘' 안무(김자경 오페라 30주년 기념 공연) 85~95년까지
- 극단 떼아뜨르 뮤지컬 '추' 환타스틱 안무
- 극단 현대 뮤지컬 '들풀의 노래' 안무
- 극단 혜화 록뮤지컬 '동키호테' 안무

- 극단 Performing Arts Company 'Moon light of story' 안무(미국)
- 극단 맥토, 록뮤지컬 '카르멘시타' 안무
- 창사특집 MBC 뮤지컬 안무
- 국립극단 '수전노' 안무
- 국립오페라 '테레지아스의 유방' 안무
- 선교뮤지컬 '이 손을 보라' 안무
- 김자경 오페라단 '춘희' 안무 및 출연
- 새천년 맞이 자정행사 안무
- 전미례의 재즈댄스—A&C 문화예술채널 96.5~99.5 고정 방영

몸서리치도록 사랑하다
함께 죽어도 좋다

초판 1쇄 인쇄일 / 2000년 2월 7일
초판 1쇄 발행일 / 2000년 2월 10일

저　자 / 전미례
발행인 / 유창언
발행처 / 도서출판 집사재

출판등록 / 1994년 6월 9일
등록번호 / 제10-991호

주소 / 서울시 마포구 서교동 376-12 지우빌딩 201호
전화 / 335-7353~4
팩스 / 325-4305

ISBN 89-86190-47-8　03810

값 7,500원

※잘못 만들어진 책은 교환해 드립니다.